李彦宏的专注智慧

唐山雨◎编著

ZHEJIANG UNIVERSITY PRESS
浙江大学出版社

目录

代 序

我所知道的山西人李彦宏

岑　峰

我对山西人的最初印象来自于我在南京大学就读时的一位室友。他是山西长治人，在我们寝室中年龄排行第三，但比起另两位年长些的室友，他表现得更像一位老大哥，话不是很多但为人热心，而且在各方面也堪称我们学习的榜样。在学业方面，他是我们寝室学习成绩最好的；除此之外，他的羽毛球和围棋都玩得不错。在毕业的时候，他也是我们寝室第一个找到工作的：雇主是一家澳大利亚的世界五百强企业。正是因为这一位室友，让我一直对山西人有着不错的印象，而之后遇到的一些山西朋友，也给我留下了类似的感觉。总体说来，山西人给我的印象是，他们心地善良，勤劳肯干，不甘落后，讲求诚信，不计较吃亏，是值得交的朋友。

我的这位室友叫王晋强，这是一个典型而又普遍的山西人名字，如果放到百度上搜索，可以搜出一大串。这一名字的普遍，毫无疑问，反映的是山西人一种渴望家乡强盛富饶的心态。

今天的山西并不算经济发达省份，但在几百年前，晋商可是显赫一时的重要经济力量。如果从现在的角度看，山西气候恶劣，物资匮乏（除了煤），要想藏富于民谈何容易。晋商的兴起，与山西人的勤奋和能吃苦有关。穷则思变，所以才会有了脍炙人口的“走西口”。现在之所以西北许多地方的人会唱《走西口》，原因无外乎当时有许多山西人曾到过这些地方，他们中的一些人一直在唱这首歌，时间长了，当地人也学会了。

山西人走西口走的不仅仅是西北。有资料显示，在明末，一些山西商人即以张家口为基地，往返关内外，从事贩贸活动，为满族政权输送物资，甚至传递文书情报。据《清实录》载，天命三年（1618年），时有山东、山西、河东、河西、苏杭等处在抚顺贸易者16人，努尔哈赤“皆厚给资费，书七大恨之言，付之遣还”。山西商人在关内外的贸易活动，对后金政权在物资上给予了极大的支持，后金政权对于山西商人也给予礼遇和重视。明末到清初正是晋商崛起的重要时期，之后清朝时山西有“八大皇商”，也正是清政权对山西商人在物资支持上的回报。

正是因为如此，在起点中文网《窃明》一书的书评区中曾出现过对山西商人于清政权成立的意义的口水仗。当中比较典型的一种意见认为，正是因为山西商人没有原则的“资敌”，才使得“十三遗甲起兵”的后金得以壮大并最后入关，造成了之后中国历史上的黑暗一页。所以直到今天，研究晋商史的人对这“八大皇商”一直都是尽量冷处理的，而把主要精力放在研究乔家、史家等家族的身上。

以上说法虽然有一定道理，但在我看来，这并不是造成之后中华民族苦难的根本原因。且不说这些商人们的目光会长远到能准确预见数百年之后的事情，将一个国家的兴衰归结于一群商人的行为，这未免太过轻率。在商言商，商人的本质是逐利的，他考虑的只是自己的利益最大化。这就好像一把刀子，用来杀人还是用来救人，最关键的还是看握着这把刀的人是谁，而不是卖出这把刀的商人。

这与我们对搜索引擎的讨论又是何其的相似。2000 年，“走西口”归来的李彦宏在北京创建了中文搜索引擎百度，之后百度便陷入了媒体对百度与 Google 的无休止比较中。对此洪波曾经评论道：“在百度看来，这个世界是一个草木皆兵的世界，所有人都对百度不怀好意。无论遇到何种问题，百度的第一反应永远是，我没错，错误都是别人的。”而真正让百度深受重创的，是 2008 年 11 月的“医药门”，这不但导致了百度股价跌到 100 美元附近，更是引发了“作恶”和“不作恶”的激烈辩论。

其实类似的问题，不仅百度有，Google 也同样爆出过“Google 地图被恐怖分子利用”的话题，只不过，百度和 Google 解决这一问题的方式并不一样。

这或许与我们的历史和文化有关。托克维尔有一个著名论断：宗教和法律乃是一个社会的两大终极柱石。这一论断在西方世界是通用的，但在中国或许是一个例外——因为中国人普遍不信教，在西方国家中宗教对道德的约束，在中国并不适用。而我们的学校也并没有特地教我们这些东西——这就是说，我们的道德和善恶观念的形成过程，实际上来自于我们的生活，来自于我们对这个世界的自然认知，来自于我们内心的平衡和恬静。华夏古典德性在我们道德史上所占据的地位，恐怕和英国宪法在政治史所占据的位置一样。

所以，我们也很容易理解作为山西人的李彦宏在对待现代商业规则和古典道德伦理的双重冲击时会采取怎样的一种方式去平衡。借用林国荣先生在《结绳记事在山西》一文中对山西人的评判：“山西人有许多古老却罕见的德性，人们很早就获得自由，很久以来就拥有部分土地，彼此孤立而不依赖，因而他们显得有节制和自负：他们熟悉农业劳动，对种种生活享受漠然处之，忍受最大的苦痛，临危难而坚定。这是个单纯刚毅的人群。”山西的独特位置和历史造就了山西人“古老而罕见的德性”，也造就了李彦宏在企业经营和管理上的独特的智慧和风格。

李彦宏对我来说是既熟悉又陌生的一个人：说熟悉，除了媒体的报道，我在之前有一段时期的工作与搜索引擎有着很大关系；说陌生，我与李彦宏的最近距离大概是5米，但我们之间并没有过任何直接的对话或者交流。在我看来，要对李彦宏的独特商业智慧做一个归纳并非易事，而在这本书中，我们可以看到李彦宏深谋远略、伺机而作的隐忍，也可以看到他柔中带刚，如同软剑硬鞘一般的为人处世，还可以进一步了解到他和百度“以获取猎物为目标”的猎人逻辑，等等。当中不乏精彩的归纳和案例，相信不会让读者失望。

第一篇

深谋远略

自古英雄多磨难。古往今来，多少事业成功者胸怀大志，抱负远大，执著奋斗，功绩斐然而名垂史册。然而，向来一帆风顺、畅行无阻者却寥若晨星；而大多数人要历尽千回百折、重重坎坷险阻方可胜利抵达彼岸。

李彦宏往往给人以一种含蓄、腼腆、内敛、冷静的感觉——与之对应的是深藏不露、秘而不宣的市场竞争策略；养精蓄锐、厚积薄发的战略推进政策；游刃有余、高屋建瓴的对外形象塑造……同时，李彦宏又是一个高瞻远瞩、胸怀大志的企业家。所谓高瞻远瞩，就是站得高望得远，即已经洞察和领悟到未来的境况和趋势。明智的人应当正视现实，隐忍恬退，明哲保身，冷静沉着，而不是争强好胜，锋芒毕露，动辄行以“妇人之仁”和“匹夫之勇”，所以说，“忍得一时之气，免得一世之忧”。所谓“大行不顾细谨，大礼不辞小让”中所提到的“细谨”和“小让”这些“小节”，不应该成为大丈夫处世的磕磕绊绊，也不应该为这些“小节”而发作。这样的谨慎其实就是为了“大行”，而看到“大行”就是有远见。

同时，由于有了远大目光和洞见而谨慎，也不是消极引退而放弃，而是积极主动、养精蓄锐、蓄势待发、磨砺意志、坚韧历练，等待真正崛起。如果没有一双慧眼和睿智的大脑，对时局和前景没有科学、客观、冷静的分析和判断，对各种错综复杂的人事和关系懵懵懂懂，一团乱麻，糊里糊涂，这样的一种无知的愚顽者，怎么可能做到隐忍而后动呢？所谓“无知者无畏”，因为无知无畏，隐忍变成了几乎不可能的事情。因为无知，即使隐忍，也只是没有方向、毫无目标的消极隐忍。

胸怀大志却又能审时度势，这一切表明了，李彦宏是一个深谋远略的企业家。征途中的曲折和颠簸，有时不免陷入险象环生的困境。世事本来就变幻莫测，总会伴随着一些若有若无、虚实难辨甚至敌我不清的迷雾，有时也处于左右碰壁甚至泰山压顶的态势之下。面对种种不利和弱势，他们镇定冷静、大脑清醒、明哲保身、恬退隐忍。等待时机成熟，才奋起和爆发，以免螳臂挡车，以卵击石，终遭身败名裂、粉身碎骨的结局。成人事者必须拥有远大抱负和宏伟愿景，否则他们就会在失败面前畏惧退缩，徘徊不前。同时，也只有这些抱负和愿景，在提醒和抑制他们学会妥协，学会与环境和谐共存，因为抱负还在前方，还很遥远，只有隐忍才可以保全实力，以备将来。如孟子曰：“天将降大任于斯人也，必先苦其心志，劳其筋骨，饿其体肤，空乏其身，行拂乱其所为，所以动心忍性，增益其所不能。”为了将来的愿景和抱负的实现，必须苦其心志，如果没有隐忍和韧性，人是无法承受心志之苦的，那怎么能承载得起天之大任？

百度一路驶来，李彦宏要翻越多少深沟险壑和激流险滩，在那种环境之下，保持高瞻远瞩和睿智洞明的大脑，稳重而隐忍，对李彦宏来说多么重要。当中最明显的是他对搜索引擎在互联网行业发展中的重要地位和关键作用的精准判读；其次是他对中国搜索引擎行业的社区化发展趋势的判断和预见；再次是他对商业模式的选择和发展趋势的判断和分析；最后是他对中国网民使用搜索引擎的消费习惯和心理的判断和分析。正因为有了这些判断、分析和预见，他才选择竞价排名和凤巢系统作为百度主要的商业模式；构建“以网页搜索为主、社区化和电子商务”三大支柱和核心业务的战略框架；确立体现了“简单可依赖”思想的以“框计算”为主导的百度理念；在市场策略上形成了以娱乐为主要内容和以年轻人为主要目标消费群体；在竞争力取向方面形成了“以技术为支撑的追求完美的用户体验”的认知等。从以上这些，可以窥见李彦宏清晰睿智的大脑、深邃的战略眼光。

像李彦宏一样，在人类滔滔不绝的历史长河中，为着自己远大抱负和宏伟愿景而隐忍克制的英雄豪杰多如牛毛，被毛泽东誉为“风流人物”的汉高祖刘邦便是其中的一个。刘邦早年就已经有至尊天子的远大抱负和愿景，为此，他在奋斗的过程中必须恬退隐忍，深藏不露，克制于心而无为于外。匿藏砀山、投靠东阳甯君、投靠项梁、羞辱鸿门宴、拜受汉王之封爵、烧绝出关之栈道、忍受广武之辱、违心封韩信为齐王等诸多事实，说明了刘邦是一个隐忍的战略家。他的隐忍是以实现自己的皇帝抱负和终极愿景为目的，是一个善于谋略的隐忍。由此也可见，欲成就一番事业，不仅需要高远的战略眼光，而且还要善于保全和隐藏自己；而由刘邦反观李彦宏，其抱负、其隐忍，也有异曲同工之妙。

第一章

登高望远——远大抱负与稳健发展的结合

李彦宏今天取得如此辉煌的成就，这与他的鸿鹄之志密不可分。有了远大的目标，才会激起一个人心中的渴望，从而去进一步思考，自己如何一步步地去实现这一目标。实现目标的过程可能是曲折的，李彦宏后来在与竞争对手的交战中之所以要隐忍不发和妥协退让，就是因为他宏伟的抱负和愿景还没有实现；也只有在弱势中，他看见了自己的愿景，也意识到抱负还未实现，才会“苦其心志”，违心而压抑地保持克制，隐而不发，沉默是金。

早在1997年夏天，李彦宏进入硅谷Infoseek公司的时候，他目睹了雅虎、网景等几个大公司的战火硝烟。他曾经发过誓，只要在Infoseek公司一天，他就保持其一天的第一位置。在创办百度的时候，他也发誓一定要在这片土地上最终打败对手，让百度成为中国乃至全世界中文领域最受欢迎的、最大的中文搜索引擎。为此，他左右开弓，南征北战，出击日本，进军电子商务，最终与Google划洋而治，这才是他的终极目的。所以在百度公司运营过程中，每当处于弱势的时候，就必须学会情商，保持克制，隐忍恬退。只有这样，才是一个理性的理智的企业家和战略家。

正因为李彦宏能够看得比别人更远一点，以及他对未来充满了自信和期待，所以日常行为才能够从大局着眼，往大处思考，不会急躁盲动，张扬宣泄，也不会咄咄逼人，不可一世，当然更不会畏首畏尾，消极放弃，而是瞻前顾后，三思而行。在最初选择竞价排名的商业模式的时候，虽然能不能赢利李彦宏心里也没底，可是他却清楚过去的那种搜索引擎服务商角色是行不通的，为此他苦口婆心地劝说董事会甚至通过激烈争吵来改变过去的商业模式。李彦宏不是一个主观性很强的人，可是却要强力推行他已经看好的和认准了的事情，那是因为这种认准已经经过了成熟的思考。百度贴吧、百度知道、百度百科等百度社区向来被看成百度最成功的产品，以至于成为百度战略的主要举措。这些产品设计的最初构想，都是为了实现百度所要达到的远大目标，而这些产品的出台，也都经历了一个谨慎的酝酿过程。在战场上，李彦宏表现出沉稳、内敛和谨慎的作战风格，而这些都是以他的睿智、洞明和深思为战略背景。

“我们的目标是希望把百度做成普通人生活中不可或缺的一部分。就是一个有前途的公司，不管商业模式发生了什么变化。”2008 年 3 月 19 日在中山大学演讲的时候，李彦宏提及搜索引擎市场发展的趋势和百度的抱负。百度的目标是要做成普通人生活中不可或缺的一部分，这意味着百度想要牢固长期地占据市场垄断地位和龙头老大地位。同时百度未来的发展和壮大将不以它的商务模式的成功来作为自己的核心竞争力，而是通过依据对市场发展趋势的准确把握来打造人才团队，提高产品、技术和服务质量来获得。同时，从技术、产品和质量上来看，百度从主观上有着要成为行业代名词的愿望。而从李彦宏和百度走过的一步步来看，这是多么宏大的抱负。

案例 1·回国创业

1995 年深冬，在北京中关村白颐路南端的街角处，每天匆匆穿行的人们突然见到一块巨大的牌子："中国人离信息高速公路还有多远——向北 1500 米。"瀛海威信息通信公司打出的广告，但它被很多人当成了路标，虽然也引起了交警们疑惑。这个广告牌以先声夺人的威势在招引着人们对信息时代来临的注意力，因而成为中国步入信息时代的里程碑。就在那一两年里，诸如马云、丁磊、田溯宁、张朝阳等中国互联网先驱者也纷纷开始了风起云涌的创业运动。

然而此时此刻，已经获得硕士学位的李彦宏正在潜心于超衔接分析技术的研究。1995 年，李彦宏已经在道琼斯公司旗下的 IDD 公司工作一年多了。当时，他做的是高级技术顾问，为《华尔街日报》网络版开发实时金融信息系统软件。工作中他发现了第二代搜索引擎技术容易产生网站的作弊排序问题，于是他利用在北大学到的信息检索知识，比如论文的质量或权重的好坏与所被引用的次数成正比例关系，从而在 1996 年发明了他的超衔接分析技术。可是，对于中国国内正在发轫一场开天辟地的信息产业运动，他却似乎没有给予太多关注，虽然 1996 年他曾回国考察了一次。

1997 年，在威廉·张的指引下，李彦宏进入了硅谷的 Infoseek 公司。早在 1996 年夏天在硅谷的一次计算机学术会议上，威廉·张第一次认识了李彦宏。威廉·张很赏识李彦宏的技术功底，便于 1997 年邀他加盟 Infoseek。1984 年 4 月，经过不懈的努力，李彦宏终于成功领导研发了 Infoseek 第二代搜索引擎——这成为当时使用超链接分析技术的最先进搜索引擎。在 Infoseek 公司，虽然李彦宏已经研发了第二代搜索引擎，但是他并没有因此而真正快乐过。因为在这里他的科学而有预见性的建议并没有得到决策者的支持，甚至直觉告诉他这不是一家有前途的公司。

那时候，许多早期网络公司纷纷向门户网站转型，hotmail 正方兴未艾。对于各大网络公司相继推出的以“公司英文名 + mail. com”（比如：Lycos 推出了以 lycosmail. com 结尾的免费邮箱）的试运行风潮，李彦宏不以为然。他建议公司直接使用“公司英文名 + . com”即 Infoseek. com 邮箱域名，可是却遭到了因循守旧的决策者的反对。没过多久，他的这种同类想法却在竞争对手诸如雅虎等公司被采用，可见他当初建议和预见的正确性。

1998 年 4 月，迪斯尼大概投入了 7000 万美元参了 Infoseek 公司（60%）的股份。此后，拥有了控股权的迪斯尼强行进行整合，将一个没上市、处于亏损边缘的 Starwave 公司合并到 Infoseek 旗下。对于迪斯尼的入主，其他员工都乐坏了，可是李彦宏并不如此，他预感到迪斯尼将成为 Infoseek 甩不掉的包袱，因为它将染上机构臃肿、反应迟钝等大企业病症。当年 9 月，迪斯尼（据说是当时迪斯尼 CEO 的主意）将 Infoseek 改称为“Go. com”，而这种标志后来成为了 Goto. com 起诉的对象。1999 年 1 月，Go. com 正式发布，所提供的免费邮件也自然地使用了以 Go. com 结尾的地址——而那位拍板要用 Infoseekmail. com 地址的人，被任命为 Go. com 网站的总经理！

此后，已经被改称为“Go. com”的 Infoseek 即一个新兴的互联网企业，与迪斯尼即传统公司在同床异梦般的整合中煎熬地支撑了 8 个月，最终迫使 Infoseek 的创始人选择全身而退，将 Infoseek 全部卖给迪斯尼而转身走人。当年，Infoseek 的股票在 11 月份转成了 Go. com 的股票。此后 Infoseek 公司品牌在华尔街消失了。虽然此后很长的时间中，人们还是通过键入 www. Infoseek. com 来访问 Go. com。当时李彦宏的那些同事们，已经习惯了硅谷新兴互联网公司的那种自由、简捷的文化氛围，在迪斯尼的那种传统公司的刻板与陈旧中越来越不适应，很多人都选择了离职。虽然迪斯尼以现金奖的办法企图拉回他们那些已经不在此处的心，但也不能让他们多呆几个月。

就在那时候，李彦宏萌生了去意。更准确地说，就在 1998 年 4 月迪斯尼参股之后，李彦宏已经预感到了 Infoseek 的衰落是迟早的事。但是在这个阶段到 1999 年 10 月回国观礼之前的时间里，因为一切都还没有十分确定和明朗，所以他还将自己的心思和想法隐忍于心底，多在那里呆了几个月。当初威廉·张邀请他加盟，且在最初的两个星期里给他悉心调教，在他的领导下成功开发了第二代搜索引擎，他本来在 Infoseek 公司应该前途无量。可是，经过邮箱域名建议被拒一事和后来迪斯尼入主后的种种问题，李彦宏发现，原来的 Infoseek 已经面目全非，只剩下一副死气沉沉的骨架而已，事实上背负迪斯尼沉重翅膀的 Go.com 再也没有飞起来。于是，他选择了离开。这时，他也不想再到另外的一家公司，因为“我不想再去另外一家公司，不想命运被别人掌握，他做错了，你再厉害也没用”，他曾对著名记者刘韧说道。同样，经过邮件格式事件的实践和验证，李彦宏发现他自己虽然是技术出身，但同时对商业也有一定的悟性和敏感。恰恰在多种巧合之下，回国创业已经成为当时李彦宏的弦上之箭了。

经过 20 世纪 90 年代中期的萌芽和诞生，到了 90 年代末，中国互联网已经进入了初步发展阶段。后来的大型网站都纷纷在那个时候呈现了雏形：搜狐、新浪、网易等大型门户网站先后成立，已经形成了热闹非凡的竞争局面。1998 年末的马化腾与腾讯，周鸿祎与 3721，丁磊与网易等；1999 年的王峻涛与 8848、周云帆与 chinaren.com 等各路英豪揭竿而起，大显神通。《沸腾十五年》这样叙述道：“1997 年大门洞开，1998 年极客当道，1999 年狂欢开始了……”这一时期，随着各种狂热的资本的大量涌入，中国网络市场已经彤云密布，泡沫云集。可是，在这个随时都会开裂的铁桶里，却稀奇地留下了一道空隙，那似乎专门在为擅长搜索的李彦宏留下的。

早在1998年夏天，应清华大学邀请，李彦宏回国在清华作了一次技术讲座。当时搜狐有很多员工也去听讲座，讲座后这些员工曾经这样问他："你有这么好的技术，还不回国自己创业？我们搜狐买你的技术！"如今，很难有人猜测当时李彦宏心底里会不会有一股跃跃欲试的躁动。可是，当时他在回美国Infoseek公司工作时依然兢兢业业，因为他曾发誓只要他在Infoseek一天，他就要保证公司在搜索引擎业界第一的位置，可是当在迪尼斯入股之后，曾经生机勃勃的Infoseek却要步入风烛残年。

世纪之交的1999年，在中国互联网史上是一个承上启下的重要年份，对25位硅谷"海归"来说更是一个决定人生命运的关键年份，其意义对李彦宏来说不同凡响。这也是中国搜索引擎市场一个开天辟地的年份。

1999年10月1日，中国举行了有史以来规模最大的阅兵庆典。那天早上八九点钟，在庄严、神圣而肃穆的检阅仪式中，在天安门观礼台左手边的第三个格子里，一列三十来岁的年轻人在肃静而激动地观望着从天安门前面经过的威武之师——这就是受中国政府邀请归国参观国庆大典的25位硅谷学子，李彦宏就赫然置身于名单之内。

这个"1999年硅谷留美博士企业家合作团"，源于教育部1996年设立的资助优秀海外留学人员短期回国服务的"春晖计划"年度活动。与往年不一样的是，这一年的"春晖计划"和美国旧金山总领事馆合作，邀请25位硅谷留学人员归国。除了在各大城市考察、大学演讲和领导人接见之外，他们还将在国庆节这一天登上天安门观礼台，和国家领导人一起，观看1949年新中国成立以来最大规模的阅兵式。

他们住在北京西直门南大街6号国务院第二招待所里。10月1日凌晨四点多，兴奋不已的学子们就起床，准备开始他们极为不平凡的一天。早上八九点开始入场，晚上还观看焰火。就在 9 月 30 日那天，他们原本准备了“硅谷学子回家了”的一条大横幅，将在第二天展示在全国人民的眼底，可是又因故取消，只是当天在教育部门口举着横幅合了影留念。这张照片上只有 24 位学子，李彦宏因故缺席——他们没有想到 10 年之后，恰恰是这位缺席者成为他们中间最成功的人。不管合不合影，第二天所有的 25 位硅谷学子在观看了庆典之后都作出了一个伟大的决定——马上回国创业，机不可失。今天看来，李彦宏当时作出的决定在他们中间是伟大之中的尤其伟大者。

自从新中国成立 50 周年国庆观礼返回美国之后，回到国内创业已经成为了李彦宏板上钉钉的决心和选择。当时，Infoseek 公司已经完全被纳入了迪斯尼的管理和整合体系之内，虽然自己研发了当时最先进的超链分析技术，但是在一个暮气沉沉的迪斯尼体系的氛围内几乎无用武之地，因为自己的长处技术几乎没有得到重视和发挥作用。这样一来，当技术无法与适当的商业模式相结合，再好的技术也只是没有枪的子弹。同时，如果到另一家公司工作，也还是无法摆脱从属于他人而窒息技术的命运。另一方面，国内市场的蓬勃发展，恰好是建功立业的好时机。因此，除了回国创业，几乎没有第二种选择。

这时，那种长久酝酿于心底的好胜和干大事的隐隐冲动和远大抱负，才第一次如靴子落地般有了一种明朗而清晰的图景，于是它们终于可以在这个世纪之交在自己的国家里全面爆发出来，真刀真枪地施展拳脚，大展宏图。

案例 2 · 探索优化的商业模式

2009 年 8 月 18 日，在第四届百度大会上接受新浪科技的独家专访的时候，李彦宏说：“2000 年的互联网泡沫破灭，其实对每一个互联网公司都是一个沉重的打击，当时互联网的市场非常小，我们的生存都产生了问题，到2001年的时候百度决定转型，从后台的技术提供商转型成一个面向终端消费者的搜索引擎，这是一个非常重大的转变。"而在更早些的2009年的3月28日，也是在同样接受新浪科技记者的独家专访的时候，他说："竞价排名是全球所有搜索引擎所使用的通用的模式，只不过每一家在实际实施上呢，有不同的做法，而这个模式的，其实也一直在快速的演变过程当中。我们看到一些诺贝尔经济学奖获得者也开始加入了这个研究队伍，在研究这种更好的搜索引擎的商业模式。所以百度的一个凤巢就是一个升级版百度推广的服务，我们会逐渐用这个系统取代现有的系统，但是呢，至于说它什么时候能够完全切换过来，这个还要通过实际的市场检验才能够决定。"到了4月，百度就正式推出搜索推广专业版"凤巢"，12月就进行了凤巢系统的全面切换。

早在2007年离开百度的首席运营官朱洪波曾对李彦宏做出这样的评价：他的商业思维和市场眼光非常独到，对搜索产业方向的把握和商业竞争的规律和规则理解得非常到位。商业模式是为实现客户价值最大化，把能使企业运行的内外各要素整合起来，形成一个完整的高效率的具有独特核心竞争力的运行系统，并通过最优实现形式满足客户需求、实现客户价值，同时使系统达成持续赢利目标的整体解决方案。早在1998年之前，在经历了华尔街道琼斯下属公司的高级技术顾问和短暂的Infoseek工作经历之后，在目睹和感受华尔街和硅谷的市场风云变幻之后，李彦宏已经深深领会到商业模式的重要：比如Infoseek、LookSmart、Inktomi这些早期一些曾经知名的搜索引擎公司，他们的技术不可谓不先进，但是由于都没有解决搜索引擎的商业模式问题而已经销声匿迹了。李彦宏在1998年清华大学出版社出版的《硅谷商战》中写道："原来技术本身并不是唯一的决定性因素，商战策略才是真正决胜千里的因素。"（据说这是他在闲暇之余炒股领悟到的。）到了2008年，当竞价排名这种商业模式在经历了市场的洗礼之后，李彦宏对它进行了一定的加工和改造，进而推出体现“搜索推广”的凤巢系统。

李彦宏在创业和守业的过程中，将商业模式视为决胜于千里之外的镇国之宝，不可操之过急又不可坐以待毙，只能与时俱进，相时而动，这些体现了他稳重谨慎又隐忍沉静的智慧。百度今天的成功，在很大程度上可以说是商业模式的成功。而对之进行的探索、评估、分析和选择，则独显了深邃的商业洞察力和远见卓识的商业智慧，因为他在观察和分析 Goto.com 商业模式的时候，就能够预测到它将会在具有潜力的中国市场释放出巨大的能量。同时他知道创业者要想赢得价值，必须找到合适的模式，否则，技术、人才和管理等核心竞争力再好，赚不到钱，也是没有用的。

2000 年 1 月 1 日，从美国硅谷两个风险投资商 Peninsula Capital（半岛基金）和 Integrity Partners 那里获得 120 万美元，李彦宏和徐勇一起到中关村创办了百度公司。李彦宏选择了离北大校园最近的北大资源宾馆的 1414 号和 1417 号的两间房间作为办公地址和公司地址，开始了他们的创业生涯。2000 年 4 月，比起李彦宏向投资者用 6 个月的承诺提前了 2 个月，在李彦宏的主导下，百度成功研发了第一套产品——百度搜索引擎："百度 1.0"问世。此后，李彦宏和徐勇挨家挨户地寻找客户。5 月份，李彦宏他们终于找到了第一家客户——硅谷动力（enet.com）。6 月份，百度搜索引擎正式向市场推出。8 月份，搜狐成为客户。9 月份，获得了第二笔 1000 万美元的投资。此后，百度不断推进业务的展开，新浪、263、上海热线等大门户网站相继开启了与百度合作的历程；另一方面百度也开始扩张布局，在深圳、上海等地布局落子。

2001 年初，网络泡沫过后的 IT 市场依然一片肃杀。虽然百度已经基本垄断了绝大多数门户网站的搜索引擎，可是李彦宏还是忧心忡忡，因为在门户网站方面基本没有进一步提高的可能——他们数量有限，又不想追加在网络搜索引擎技术方面的投入。他后来曾多次对记者说："当时互联网泡沫已经破裂，大家都不愿意花钱。他们说你们能不能便宜点，我说便宜后服务质量就不行了，他们说不在乎质量，只在乎钱。"等待门户网的重金购买搜索引擎技术服务几乎是守株待兔，再等就是等死，因为连门户网自己都已经食不甘味。

事实上，经历了第一轮互联网泡沫的各大门户网站和其他大客户，在当时的经济条件下其规模和数量屈指可数，就是说这些客户是非常有限的，而他们所能够愿意交付的服务费幅度也是非常有限的，这样一来，百度以后的盈利空间也就可以触摸到天花板了——不会挨饿、也不会撑饱，就算以后百度再辛辛苦苦开发一些客户，而能够用得起这种搜索服务的客户毕竟还是非常有限。换句话说，如此下去，百度的盈利空间是清晰可见但非常有限的。据说当时百度的赢利也有上百万，但这与李彦宏在天安门城楼观礼时许下的宏愿相去甚远。况且，"我从美国放弃那么多回来，受这么多苦，显然不是为了挣几个小钱。"在美国，李彦宏住别墅，在北京，他和徐勇挤一间北大资源宾馆客房；在 Infoseek，李彦宏很轻松，在百度，李彦宏白了第一根头发。创业的无数艰辛和操劳，本来是需要获得回报的。北大资源宾馆简陋的设施，夜以继日地不倦投入，饿其体肤，劳其心神，却看不到一点"大任将降"的迹象。敏锐的商业触觉已经在提醒李彦宏，"已经到了决定何去何从的关键时候了"。因此，对商业模式的重新选取、探索和确立已经被提升到战略日程。

2001 年 8 月，Baidu. com Beta 版上线。当时在百度的页面上，主要栏目有"关于百度 + 新闻中心 + 百度产品等"构成，在右上角赫然闪亮着"搜狐、新浪、硅谷动力等"重量级客户。这些网页信息在向观众表明，百度已经开始着手做自己的客户端网站了。

在此之前，李彦宏和徐勇做过了很多尝试，起初照抄一个在波士顿名叫阿卡马伊科技的分布式内容贮存解决方案提供商，通过邻近的服务器引导网络流量以加速下载，但是他们这种尝试以失败而告终。随后，他们继续模仿一家叫做 Verity 的硅谷公司的商业模式，把搜索和资料管理服务一同卖给大企业，可是这个方案也照样流产。这一次百度选择了竞价排名的模式，正是这一模式让李彦宏和百度走向了辉煌。

早在 1998 年，美国 Goto.com 搜索引擎公司就发明了付费排名的商业模式：这是一种按照点击效果支付竞价费用的网络推广方式，对于广大中小企业来说，由于这种推广门槛低，效果可见，而电视、报纸等传统媒体的广告成本高，所以一推出便普遍受到欢迎。同时，中小企业数量又非常庞大，所以推行这种模式的 Goto.com 公司赢得不错的收入。这种销售模式的优越可以体现在后来风靡全球的“长尾理论”里面。长尾埋论其实就是对著名的“二八定律”的一个颠覆。这种理论认为，那些规模较小，向来不被关注的大多数客户也可以创造出丰厚的利润。

Goto.com 刚刚推出付费排名一年，即 1999 年就上市了，到了 2001 年改名为 Overture 公司。同样，成立于 1999 年 Google 也是采用付费排名的商业模式而取得成功，其名为 Google Adwords 付费广告。而在中国，1999 年 3721 诞生之后，周鸿祎就搞了强悍的竞拍和市场推广，据说这种竞拍就是中国最早的竞价排名案例。

据说在 1998 年李彦宏就利用业余时间模仿当时 Goto.com 的竞价排名进行了一个系统试验。又据说在得到妻子的提醒之后，李彦宏回顾了当年对 Goto.com 和 Google.com 的竞价排名试验以及参考了 3721 的市场经验，在 2001 年的夏天，经过无数次的分析、评估和思考，李彦宏觉得，竞价排名将会是一种成功的商业模式。

搜索竞价排名，顾名思义就是企业为了在搜索结果排序中的位置而在搜索引擎上注册特定的关键字（即产品或服务的具体名称）的时候而展开竞价。一般说来，由此判断，排名越靠前的企业，获得客户访问并最终引发销售结果的可能性越大，所得回报也更可观，因而企业有参加竞价排名的动力。

这种商业模式，从根本来说是借鉴 Overture、Google 以及 3721 等成功案例进行的改良和修正，使之更符合百度的市场需求和中国市场情况。因此，它是有依据的而行之有效的，并非李彦宏一时心血来潮的成果。所以，为了给百度带来巨大的和潜力无比的营利空间，李彦宏明白，实现商业模式的转型，直接走向广大终端客户，已经刻不容缓了。

李彦宏关于“竞价排名”的构想，意味着百度将由领先的搜索技术提供商向竞价排名服务提供商的角色转型。而这与百度向投资人递交的商业计划书内所写的商业模式大相径庭。可是，这对于李彦宏来说，就是摆脱百度业务停滞不前和做不大的困境的唯一出路。由于这是百度公司的重大决策问题，所以当然需要董事会的一致同意。

8 月的深圳很炎热，急火攻心的李彦宏在来到深圳分公司时就病倒住院了，但是实现转型的决心丝毫不受到影响。因此，在他身体稍微痊愈的时候就在深圳分公司办公室召开了一次百度历史上的“遵义会议”或说是百度的务虚会——决定着百度未来走向的关键会议——百度视频电话会议，和正在美国、新加坡、北京等地的董事们为公司日后的商业模式转型而进行沟通和磋商。

徐勇一直反对走到前台做搜索引擎和竞价排名，他认为如此会影响到业务的展开。在会上，董事会也和徐勇一样，对李彦宏这样搞表示强烈反对和不解。

董事会不希望过早放弃为门户网站提供服务这块已经到手的蛋糕，他们看重的是百度现成的利益。即使投资过 Overture 的 DFJ 也觉得这种做法会因百度自己而流失那些门户网站客户。这样一来，将会使百度和向自己提供 80% 收入的搜狐、新浪和 263 等几大门户网站之间的关系变得微妙。因此，李彦宏在电话视频里和他们吵了起来。

其实就在这之前，李彦宏和董事会也曾就这个问题有过一次交锋，而这次会议气氛特别凝重，因为会上双方（当然李彦宏一方只有他自己一人）都没有妥协。

李彦宏坚持认为，百度不能再坚持过去那种单单为门户网站做搜索引擎技术提供商的商业模式了，因为如此一来，一年之后甚至以后百度的利润空间将没有大幅增长，还有亏钱的可能。他强调，百度的发展要有自己的流量，而流量必须要自己做终端。而董事会则从原则性出发，坚持要从原来的商业计划书出发，认为李彦宏的做法很冒险。因此，双方谈判陷入了僵局。

会议僵持了3个多小时。据说，李彦宏当时发怒了，还说过了像"我他妈的不做了，大家也都别做了，把公司关闭拉倒"之类的话。有人这样描述道，李彦宏终于爆发了，"啪"的一声，猛地将手机重重地朝桌上摔去。李彦宏发怒的时候，喜欢摔自己的东西。这突如其来的一幕让大家惊呆了。会议室里出现了短暂的尴尬的沉静。所有人都被李彦宏的气势镇住了，决定让他去试一试。董事会对他说："不是你的论点，而是你的态度打动了我们。"在办公室外的深圳分公司总经理大吃一惊："从来温文尔雅、沉稳的Robin怎么变得这么慷慨激昂？"

2001年9月20日，百度正式推出了竞价排名业务。第一天的竞价排名收入仅仅是1.9元！第二天也仅3元多，但第三天超过了10元，第五天超过了200元。以后就逐渐地出现了层级递升。李彦宏的慎重尝试开始尝到了甜头。2002年，百度的收入仅1050万元。2003年，百度宣布赢利。2004年，其营收为1.109亿元，净利润为1200万元，每年的营收增幅达225%。

尽管李彦宏向董事会拍桌子，摔手机，逼迫董事会同意他做竞价排名，但是他心里也是没谱的。"我一心想将公司做大，出卖技术做不大，就要找别的出路，新出路怎么样？我不知道，但总比做看着就不行的事情强。"现在看来，李彦宏在最初推出竞价排名的时候是有些冒险的成分，可是也不完全是冒险。因为，在他看来，不转变就是等死，与其坐以待毙，不如奋起抗争，寻找活路，虽然这条活路看起来还不清晰，还很模糊，但却是唯一之路，别无选择。

关于李彦宏对竞价排名商业模式的探索与尝试，虽然在很大程度上体现了一个“海归”为了远大抱负和坚定信念而进行的一次勇毅、大胆的奋进和追求，但是从本质上来说，还是体现了他独具慧眼的深刻的商业洞察力和判断力，显示了其持重、认真的选择智慧和对前途、对个人以及投资者的高度责任感。因为，不转变就不可能发展壮大，甚至陷入恶性循环，而转变虽然存在很多未知因素，但是它在别的公司已经有一些类似的成功的和可参考案例。所以，可以说，李彦宏在 2001 年推行竞价排名的时候已经有了一种在未知和变数中的谨慎持有和把握。简言之，就是李彦宏在一种未知和充满着无数可能的现实性的心境下自信地寻找未来。虽然，在和董事会的对决中，李彦宏表现出前所未有的坚定和刚毅，可是在这种果毅之中，李彦宏却承受着来自董事会的充满惊愕的期待和以效果来验证的巨大压力，因而也体现了他的隐忍和承受能力。

多年后，随着竞价排名业务的纵深发展，百度在经营链条上时而出现一些不稳定状态，因此到了 2008 年，李彦宏正式重新审视这个已经让他 7 年多来赚得盆满钵满的竞价排名。虽然竞价排名已经在市场上根深蒂固，但是随着质疑声的不断增多，李彦宏已经感到它快要陷入发展的瓶颈，因此采取措施进行补救已经是大势所趋了。于是李彦宏下令进行凤巢系统的研发，试图用以取代备受质疑的竞价排名。2009 年 4 月到 2009 年 12 月 1 日的这段时间，是百度的凤巢诞生的过渡期。就像 2001 年推出的竞价排名一样，这次李彦宏同样遭到了下属的集体反对。下属们都一致认为这样的行动必须是一个循序渐进的过程，可是李彦宏还是非常坚定地表示一定要进行全面切换。

其实，下属所担心的事情不是李彦宏没有考虑到或者忽略了，而是他一切事情都考虑到了，也完全料想到一切可能和后果，但是作为公司的决策者，他必须看到比别人更多更远的事情，要站在比一般管理层更高的高度来看待问题。在他看来，虽然切换凤巢可能会面临很多风险，但是为了百度的长远的和终极的利益和目标，必须进行切换以求得百度的根本发展，这样才可以显示出百度商业模式的强大生命力和适应性。所以，坚决而果断地推行那些已经作了充分的预见和判断的方针和决策，才是体现一个领导者和掌舵人的责任和使命，同时这些也显示了李彦宏的持重智慧。

案例 3 · 进军日本

2006 年 1 月，百度正式宣布进军日本市场。此举成为继百度上市后的又一个重大战略布局。在与竞争对手的激战中，李彦宏选择了专注于中文搜索市场这一具有自己强项和优势的领域，但这并不意味着他只满足于做好中国市场，而是他养精蓄锐，等待时机，谋求有更大更宏伟的举动。可以说，坐拥中文搜索市场，放眼亚太乃至全球，才是李彦宏的终极愿景和抱负。

早在 2008 年 10 月 6 日，李彦宏在接受《新闻稿在线》记者采访时说道："我对国际上的搜索引擎是非常熟悉的。一开始我就没想把百度限定在中国市场。现在我们在中国赢得了 70% 的市场。我认为瞄准海外市场已经水到渠成。"可见，李彦宏很早就有了进军海外市场的抱负。他继续说道："我认为日本市场是很有吸引力的。有若干个理由。第一，日本互联网市场比较庞大。日本是全世界第二大经济体。互联网渗透率达到 70%。作为一个搜索引擎公司，我认为日本是非常有吸引力的。第二个，雅虎和百度虽然在日本搜索市场占据了绝大多数份额，但是它们都不是日本公司。就好像百度一样，它们在日本是外国公司，技术也是从国外带领的。因此，百度和这些公司在日本进行市场竞争时，没有先天的弱点。第三，中国和日本有很强的地缘纽带关系，两个国家的员工很容易交往。比如说，我们北京一个员工前往日本出差，三个小时就飞到了。另外，日语和汉语在语言学上有共同的特点。在中国市场运营一个搜索引擎长达八年后，我们在这一领域积累了丰富的经验，我认为这些经验可以用于日文搜索引擎。在很早阶段，百度就很注重到中国、日本线民在使用搜索引擎时和美国线民的很大不同……”另外，他也曾经多次在媒体面前表示，只做好一个中文搜索市场的第一还不能证明自己是最强大的，而是必须在多个市场、在不同市场上做好才证明自己。

作为一个重大的战略布局，进军日本不是李彦宏一时的冲动，而是经过深思熟虑和良久的准备。他是从语言特点、市场潜力、消费者习惯、产业特点等几个因素通盘考虑而做出的选择，虽然在《李彦宏的百度世界》里，这些被描述成了一种“大国崛起的冲动”，其理由是2005年中国大地发生了诸如“神六”成功升空等强盛气象以及2006年《大国崛起》纪录片的热播。

其实，百度进军日本选择的时机和背景就是2005年百度成功在纳斯达克市场上市，由于上市而在国际资本市场拥有响亮了的品牌知名度和拥有足够的资金，为百度进攻日本奠定了坚实的基础。而在百度上市之前，李彦宏这些宏伟的抱负只是作为一个战略谋划的携带成分默无声息而隐忍地进行着。

2002年底，百度史上有名的“闪电计划”大功告成，因而2003年之后李彦宏就可以开始考虑百度的战略级的事项。在当年的一次内部会议上，崔珊珊提出关于百度要到国外发展搜索业务的提议被李彦宏否决，但是当年他就做过一次韩国考察而排除了该国市场。2004年，随着上市筹划事宜稍显轮廓，李彦宏开始尝试将百度国际化战略计划提交到董事会。此时，李彦宏知道谈国际化显然还不现实，将计划提交董事会只不过向投资者表明百度对前景的自信。2006年“五一”，他还对越南市场做了一次考察，终究放弃考虑。同一个月，暗暗地小规模地贴出会中、英、日、越语的搜索工程师的招聘启事。此时对于敏感的媒体的疑问，李彦宏还是非常谨慎，依旧坚称："百度只专注于中文搜索。"

在考察周边市场的那段日子里，李彦宏对日本市场的考虑已经成熟，但是他依然没有声张。直到最后，有一天和任旭阳一起吃午饭的席间才谈起这个问题。他说："这件事要分成三步走。听到的意见越广泛，前期的调研越充分，就离正确决策越近。"于是，当年6月，李彦宏、王湛生、任旭阳3人一起去日本考察，先后拜访了日本第二大互联网公司乐天、第一大SNS公司Mixi等10多家互联网公司和日本最大的广告公司——日本电通。随后还专门咨询了我国海尔、联想等七八家大公司的国际化经验，请教了高盛分析师。

作为世界上第二大经济体，日本经济经历了20世纪90年代的10多年萧条低谷之后，2004、2005年开始出现了稳步回升和发展的势头，同时，互联网的渗透率达到70%以上。回国后百度切实进入了日本项目的报告、评估、讨论和决策阶段。在任旭阳整理了调研结果之后，李彦宏又组织了项目小组展开了讨论和论证。讨论中李彦宏分析了未来五年的形势，并提出了2012年划洋而治的计划。虽然李彦宏对日本项目决策已经了然于胸，但是在最后决策阶段他还是问任旭阳道："前期听取各方意见后，你的判断是什么?"由于任旭阳是掌握情况最全面的人，因此他在这个项目上发挥着最大的作用。在任旭阳的建议下，最后在2006年7月的总监会上，李彦宏宣布了进军日本的计划。

2007年3月20日，百度的日本搜索版上线测试。在此前李彦宏给日本项目研发负责人崔姗姗下达了一个迫在眉睫的使命，力求在2007年3月之前研发出百度日本搜索测试版系统，以便尽快用一两年的时间来完成百度中文搜索七八年走过的路程。可见，李彦宏对于日本项目的求成之心非常急切。随着以崔姗姗领衔、陈海腾为首席代表的日本项目开发团队的在2006年底的忘我奋战的不断进展，最后使得百度日文版搜索系统终于如期问世。经过近10个月的运行，2008年1月百度日本公司终于成立。这标志着百度日本战略迈出了实质性的一步。

在百度的日本市场运营策略中，李彦宏强调，战略上百度日本走本土化之路，推出具有针对性的产品和服务。在日本的百度员工研究日本市场的特点和用户口味，从而决定应该推出什么产品，再将决定传递给百度的北京研发团队去进行相关的研发工作。在这种运营状态中，李彦宏还是积极走稳妥、隐忍、低调和内敛的路线。时至2008年底，百度只对外公布其日文版的四项服务："网页、图片、视频和博客搜索。"其实，百度在日本的战略布局何止是这些产品和服务，而是还有更大的胃口和抱负，比如说移动搜索和网上购物等。可是这些，在媒体的猜测中，李彦宏矢口否认。因为这些项目还在内部的测试、研发和摸索中，所以李彦宏当然不会对外张扬和透露。

同时，百度日本公司在运行初期阶段不打算在网页搜索上设置广告。"没错。不过我们这么做，是想把进入一个市场的初期当做一个投资阶段。我们认为，日本网民只有在访问百度、使用百度之后才会发现百度是那么好。"2008年10月，在接受《新闻稿在线》访问的时候，李彦宏这样表示。显然，这是一种放长线钓大鱼的隐忍战术。李彦宏想让当百度搜索对日本网民具有黏性之后才将广告施加在他们身上。在这些初期阶段，李彦宏并无务必赢利的打算，而是先来一些市场的铺垫。

2009年9月18日，在接受美《华尔街日报》专访时，李彦宏说道："我们希望在长期内成为第一。在过去十年里，我们一直专注于中国搜索市场，并获取了领先地位，有76%的中国搜索流量都来自百度。在两年前，我们又进入了日本市场。从长远来说，我们还将进入其他市场。"同样，2010年3月1日，在接受《新浪科技》采访时，李彦宏表示，日本市场只是百度国际化战略的第一步，他说道："我在百度十周年的庆典上讲，未来的十年，我们要让百度的名字在全世界一半以上的市场成为一个家喻户晓的名字。”由此可见，除了日本，李彦宏还有更为宏大的抱负和愿景，然而，在问到具体进军哪个市场的时候，或者在哪个市场采取什么具体的策略的时候，李彦宏又隐忍低调，保持冷静的头脑，隐藏自己的锋芒，在抱负的实现和奋斗中一步步进行探索和努力。只有当一切都成为现实的可能时，才将底子显露出来，这就是李彦宏的抱负与隐忍的智慧。

本章启示

志存高远，脚踏实地

企业封顶理论认为：企业发展的上限，取决于企业家自身的抱负、愿景、追求和境界；或者说，企业家的高度就是企业的天花板。只有胸怀大志、抱负远大和愿景宏伟的企业家，才会以坚定的信念、澎湃的激情、坚忍的毅力以及博大的胸怀等一个伟大企业家的所有特质来引导一个企业在瞬息万变和惊涛骇浪的市场局势中发展壮大，不断战胜困难，最终取得辉煌。如果企业家没有远大抱负和愿景，不想成为行业的佼佼者和杰出的商业领袖，而小富即安，满足现状，捞一把就走，企业的发展空间将不再开阔，而且也将面临萎缩和停滞的危险。然而，还在路上的企业或是刚出生的企业，肌体尚未健全，势力微薄，而且市场环境错综复杂，商场如战场，所有企业都不可逃避战火硝烟。因此，企业家必须讲究策略和战术，讲究文韬武略，深谋远虑，更多的情况下需要隐蔽忍受，保全实力，不可高调张扬，不可倾囊而出，这都是为了未来的抱负和愿景。

企业核心竞争力的构建，离不开五个基本要素：资金、技术、市场、品牌和管理(人才团队),其次还有执著。在"管理"这一要素里面,包括了对商业模式、管理机制、企业文化、价值观念和企业理念等要素构成,因而离开了企业家远大的抱负和愿景,企业就无法站在一个战略高度上来将以上要素建设和发展起来。简单来说,如果缺乏远大抱负和愿景,企业就无法建设起包容、开放、简单、透明和可依赖的、可激发创造力的企业文化,当然就很难组建强大的尖端的人才团队。同时,如果没有隐忍,也就很难执著,也会无法构筑完备的核心竞争力,只要丢掉其中一个,都会影响到企业的发展。

为此,应该从以下几个方面来努力:

第一,树立美好和宏大愿景,胸怀抱负。

虽然说李彦宏在1999年天安门城楼观礼之后下决心回国创业,怀有做最好的中文搜索引擎的抱负和愿景,但更加确切地说,在1998年他出版《硅谷商战》之前就已经有了这种抱负,因为他在硅谷时看到网景和雅虎等几大互联网公司的交战时就已经感到了"谁又能负得起不参战的责任呢"。2005年,在百度上市和日本经济回暖等历史机遇的完美融合下,李彦宏在大脑里又开始勾画一幅清新的百度中长期愿景:走出国门,占据周边有利市场,争取在2012年形成与竞争对手划洋而治的竞争格局,后来甚至在媒体面前说出"让百度成为全球一半以上市场上家喻户晓的名字"。可见,李彦宏的抱负和愿景何其大也!而在这些愿景的招引之下,通过10年的发展,百度目前已经成为了纳斯达克市场上市值最大的中国公司,李彦宏也当之无愧地成为中国最成功的企业家之一。

为此,胸怀抱负和宏大愿景,是企业走向成功的前提条件。

第二,谨慎隐蔽,冷静观察。

李彦宏在Infoseek上班的时候,他就已经有了参战和创业的抱负,可是他没有宣扬出来。在2003年到2006年三年时间里，李彦宏在考察韩国、越南市场过程中心里已经形成了进军日本的愿景，可是他没有说出来，即使在自己的招聘信息被媒体解读出来之后还矢口否认这一意图，而只有在通过认真考察、评估和论证之后，才谨慎地对外宣布。同样，在进军日本的过程中，在市场分析和市场策略处于酝酿、评估、探索阶段，李彦宏一直对外保持缄默，冷静观察，稳健发展，隐蔽战略意图，不让竞争对手和媒体识破自己的战略意图。只有当一切条件和分析成熟之后，他才对外宣布进军路线和策略。而这些商业秘密正是李彦宏在战术上的谨慎表现。

在实现愿景的过程中，当一切战术和策略处于酝酿、探索阶段的时候，务必保持隐蔽和谨慎的态度，只有到条件成熟的时候才一举爆发和出动。

第二章

天人合一——与时势的和谐共生

季羡林先生曾如此解释“天人合一”：天，就是大自然；人，就是人类；合，就是互相理解，结成友谊。“天人合一”的观念，实质上是中华民族五千年来精神实质的体现，它指出了人与自然的辩证统一关系：天与人是世间万物矛盾中最核心最本质的一对矛盾。天代表物质环境，人代表调适物质资源的思想主体，人只有顺应自己所处的环境，才能实现矛盾间的形式转化，和谐共生。

对此曾国藩也有过一番很生动的叙述：“净中细思，古今亿百年无有穷期，人生其间数十寒暑，仅须臾耳，当思一搏。大地数万里，不可纪极，人于其中寝处游息，昼仅一室，夜仅一榻耳，当思珍惜。古人书籍，近人著述，浩如烟海，人生目光之所能及者，不过九牛一毛耳，当思多览。事变万端，美名百途，人生财力之所能及者，不过太仓之粒耳，当思奋争。然知天之长，而吾所历者短，则忧患横逆之来，当少忍以待其定；知地之大，而吾所居者小，则遇荣利争夺之境，当退让以守其雌。”如曾国藩所言，要知“天之长”，也就是了解当前的环境，判断所处的局势，方知“吾所历者短”，也就是自己的一些不足之处，才能“当思奋争”，与时势和谐共生。它要求人要明察时势，必要时隐忍蛰伏，藏锋守拙，养精蓄锐，蓄势待发，才能在时机到时进退自如。中华文明传递了几千年，在改革开放的今天，这种智慧依然在我们的民营企业家身上大放光彩，李彦宏就是其中的典型代表。

从性格分析的角度上来说，李彦宏是一个腼腆、内敛、沉静而稳重的人。一方面，他思维清晰、逻辑严密，善于分析事物发展的根本动因、本质和趋势，在对外关系上，这种性格的人往往对于社会和市场环境的各种复杂关系有着深刻的判断和认识，会从内心寻找力量，善于分析影响权衡利弊得失和强弱胜负的各种相关因素。知道什么时候可以奋起有为，什么时候需要深藏不露、隐忍沉静，在外交内政之间进行平衡，凡事务必从百度的根本战略利益出发，审时度势，或隐或显，或张或弛，随机而动。

这种审时度势，不仅包括对竞争对手的分析和把握，还包括对用户的分析和把握。前者如与3721的渠道大战，后者如对搜索的社区化的理解和实践。由于顺应了中国互联网快速发展的大环境，再加上当时互联网渠道公司之间的种种不确定性，让百度得以在3721渠道天下第一的时候也能够如钉子一样的钉入，并最终利用3721的失误最终取而代之；由于顺应了搜索引擎不能完全达到用户搜索的目的，还需要人与人的相互沟通和补充的需求，才有了一系列社区化的产品，将用户更好地团结在百度周围。而到百度发展的后期，这种审时度势更多地体现为百度在产品推出上的节奏，如凤巢的推出和切换，虽然当中出现了一些波折，但也在某种程度上为百度解决了过去大众对其的质疑，而对电子商务领域的介入，则可以视为百度对未来的布局。

互联网是一个快速发展、时时充满了奇迹的行业，但也是一个时时充满了挑战的行业。对于众多互联网公司来说，不仅要顺应这种快速发展的时机，而且还要找到最适合自身的发展途径。

案例1·挑战3721

百度在从幕后转向台前之后，所遇到的最大挑战之一就是发展客户。之前做门户网站这样的大客户的时候，李彦宏和徐勇还可以带着手提电话兼职当销售，但是当营利模式和客户发生改变的时候，由于竞价排名对于百度是一个陌生的领域，百度对如何开发企业客户缺乏足够的经验，而且对于企业客户来说，百度缺乏足够的知名度，百度的推销往往会碰壁。

种种因素，使得百度决定发展自己的渠道体系。

2002年4月，朱洪波加盟百度，任首席运营官。朱在之前任职于用友，对营销渠道的建立和发展有着丰富的经验。此时的Google尚未进入中国市场，百度在发展渠道上最大的竞争对手是3721。

百度的产品与3721有着一定的不同，但在客户看来，两者都是进行网络营销的工具。在网络营销发展的早期，企业进行网络营销的主要方式是建立一个网站，然后在几大门户上做一个网站名址录入，以便在门户网站中嵌的搜索框中能够找到自己，对于为诸多门户网站提供搜索支持的百度来说，自然也可以为用户推出类似的服务。而3721的产品是一款叫做“网络实名”的工具，一旦用户在浏览器网址输入栏中输入如公司名称等中文，就能到达公司的网站，达到宣传推广的效果。

在2001年到2003年间，中国搜索市场几乎是3721的天下。那时，3721构建了庞大的渠道体系，在中国拥有45万中小企业客户，号称拥有2500家经销商——这些战果很多都是周鸿祎以很豪爽的喝酒方式培育起来的，除了一些软件公司、电脑公司，甚至还包括一些如五金等做传统业务的公司，这也导致其代理商林林总总、参差不齐，给百度破门而入提供了可乘之机。

3721在打市场的过程中，插件安装起到了重要的作用，百度也借鉴了这一方法，就在2002年6月的时候，百度发布"IE搜索伴侣"插件，对3721的客户端采取"垂直打击"策略。IE浏览器插件，其实就有1厘米高的样子，百度和3721为此打得头破血流，也是2002年搜索市场火拼最惨烈的一幕。占据这个客户端，就意味着流量、客户和收入。有了这个插件，用户上网在网址栏输入一定的关键词，就可以直通自己想要找的网站。对此，百度营销人员的卖点是"三毛钱就可以为你找客户"。双方激烈争夺用户，最后演变到两家公司产品相互卸载的程度。最后百度和3721对簿公堂，有消息称周鸿祎和李彦宏几乎在法院大门口发生武斗。

"IE搜索伴侣"插件之战为百度获得相当的流量，同时有助于从对手那里夺得更多的客户和代理商。在发起"IE搜索伴侣"插件战争的背后，百度联合CNNIC、腾讯组成了开发浏览器地质栏新标准的联盟，确立了一种行业的新标准，为插件之战的有力进行奠定了社会力量和理论基础。

除此之外，2003年1月，百度和金山达成业务合作。升级金山毒霸的网民将同时获得百度的互联网搜索引擎，百度"IE搜索伴侣"已经集成在杀毒软件之中。获得了金山杀毒软件的助力，使百度对3721的攻势如虎添翼。

同时，百度还以重金挖3721渠道的墙脚。在2003年的一期《世界商业评论》中有这样的表述："早在10月底，百度在北京郊区秘密召开第一届策略合作伙伴会，并出资百万元重奖代理商，发展竞价排名新客户，与百度传统的等待客户策略不同，百度试图建立一条类似3721的代理商渠道。据知情人透露，因百度老客户续费率在75%，所以，此举旨在发展新客户，其中，每月新增客户数量在150个以上，每个新客户奖励130元，销售代理商每月奖返款达2万元左右，返款对象为一线销售人员，返款总金额达百万元。"以上的描述其实已经是百度与3271渠道之战进行到了第二个回合之后才有的策略。而在2002年百度进攻3721代理商时采取的策略已经做了前期铺垫。

即便如此，面对3721强大的渠道，百度仍然不具备优势。从2002年底百度在深圳威尼斯酒店召开的代理商大会也可以看出，当时3721如日中天，业界认为百度此举是在挖3721的墙脚，但墙脚也不是那么好挖的。当时百度邀请了几个3721的核心代理商参加，很多代理商对百度的邀请置若罔闻，几个代理商中仅有厦门书生派出了副总经理符德坤参加，但是在会后宴会的坐席安排上，百度将深圳移动时代等已经为百度创造价值的代理商安排在首席，来“观礼”的3721代理商们安排在次席，这样的座位安排从李彦宏和百度请客吃饭的风格来看无可厚非，但在3721核心代理商们的眼里，移动时代一年才做到一两百万的收入，只是自己的一个零头，但却能堂而皇之地坐首席，这分明是不把自己放在眼里。当时在会上，李彦宏邀请3721代理商代表讲话，有的代理商代表还提出百度加大对他们的支持之类的意见，因为当时3721的一些大代理商甚至拿到2.5折的折扣，而百度一般是5折或者6折，真的让拿惯了低折扣的3721代理商去卖百度，他们是没有太大兴趣的。结果在这次大会之后仅半年，就发生了两件大事，即百度总代理制度的实施和3721渠道的分裂，这也从根本上改变了百度和3721渠道力量。在百度迅速壮大、和3721成分庭抗礼之势后，后来徐勇还找过符德坤，希望他出任百度华南渠道总监，借助他在渠道方面的经验，但因为符德坤后来自己另有项目而未答应百度的邀请，这是后话。

百度在推行代理制后也迅速发展了一批代理，但百度很快就发现，这些代理们虽然也在销售百度的产品，但往往不会在推销百度产品上多下工夫：如前所述，当时企业在做了网站之后，一般会再花300～500元做一个网站登陆，把自己的网站加到门户网站数据库中，加到三大门户网站的价格一般在1000～1500元左右，如果要把自己的门户网站加到更多的门户网站中，需要花的价格也更高。

百度推出的产品也正是利用了企业"门户网站登陆＝网络营销"的心理。当时百度推出竞价排名后告诉代理商，以后你们去见客户的时候可以告诉客户不用再做一个一个门户的登录了，做了百度之后只需存300元，在所有门户网站上都能查到你的网站，如果有人点击，一次就是0.1元，之后可以续存。

不得不说这比起网站建设公司之前向客户推荐的门户网站登陆是价格更低廉、更有效的产品，但是一些代理们却动起了歪脑筋，他们代理着百度产品，却又以传统的门户网站登陆的方式出售给客户——例如向客户说，以前一家门户网站名址录入要300～500元，现在我们推出一个打包产品，可以一次性录入到上百个网站去，只卖你15800元。客户一听，不错啊，确实比之前花的钱少了，于是购买了这一服务，而代理只需要在百度花300元开立一个账户，当中的丰厚利润全归自己所有。

正是意识到了这一情况，李彦宏才下定决心寻找能够真正和百度一条心干"革命"的伙伴。他的策略是推行总代理制，一个区域指定一个总代理，而且要求这个总代理必须只销售百度的产品，不能销售其他的类似产品，百度给予总代理最大限度的支持；而往往有一批在其他领域业绩平平，需要寻找新的机会的公司愿意"赌上一把"。这对百度来说可谓一箭双雕：一是改变了以往代理出工不出力的现状；二来由于这些总代理只销售百度的产品，即便日后做大也要受到百度的制约。

百度的产品在实际的营销效果上优于3721，可谓"天时"，又通过实施总代理制增强了凝聚力，也占"地利"，但在"人和"上，3721的代理商们还是有很大优势。此时的3721已经调整了战略，将对企业的利益诉求点集中在了"网络商标的保护"上，利用企业对商标被抢注的关注获取了大量的企业客户。据估计，在2002、2003年，每天有两三万3721的业务员在拜访企业，有那么多的业务员向企业说百度的不好，百度确实有点难以招架。

然而此时3721衰落的种子已经悄悄种下。之前3721的快速发展是通过高折扣达到的，在当时3721激进的业务政策中，渠道体系也存在臃肿和混乱等问题。而如前文所述，一些核心代理甚至能拿到2.5折的低折扣，一些核心代理也就此做大，手下有着五六千家小代理商，这个数字甚至超过了3721直接控制的代理数量，形成了与3721分庭抗礼之势。为解决大代理存在的问题，同时为了获取最大限度的利润，3721开始实施渠道扁平化，限制代理商的代理区域，同时将2.5折的折扣提高到5折，压缩了原来大代理层层发展小代理的空间，直接导致失去了空间的代理商们为谋求出路而转向百度。

例如，2003年4月，3721与其最大代理商之一互易就“3721取消互易代理权”的争端，就是因为3721“削藩”后与大代理商矛盾的体现。之后互易开始分裂，原公司副总经理水沛创办广州禾盛，彻底倒向3721，成为3721的核心代理商，而其他部分则转向百度，此消彼长，百度开始摆脱了被动挨打的局面。

2003年，3721发展迅猛，年销售额从1个多亿做到5个亿，然而此时已是3721最后的辉煌。失去了代理商绝对数量的压制，百度适合网络营销的特点开始体现出来，而之后随着周鸿祎将3721卖给雅虎中国，3721的经营方向发生了改变，在一些代理商看来是“肥了3721，害了代理商”。再往后，由于周鸿祎与美国总部矛盾的不可调和，导致原3721强大的渠道体系分崩离析而如鸟兽散，百度就悄悄地坐收渔翁之利，把其大部分渠道收归己有，从而在渠道上取代了原来3721的位置，为后来与Google的战争做好了准备。

2009年5月，周鸿祎在接受《中国经济时报》记者采访时表述:“百度上市时，3721死掉了，3721的市场份额全都给了百度，包括3721的代理商、它的企业客户，它的用户流量。因为百度在中国一家独大，上市价值100亿美金，它跟3721之间的差距，绝对没有100倍这么大，实际上当时3721和百度应该说是平分秋色。比如说百度的技术比3721好两成、三成，但是3721的流量和收入要比百度大很多，3721在中国建立了庞大的代理销售渠道。”或许今天我们可以假设，如果3721不推行渠道扁平化、之后也没有卖给雅虎而发生之后的一系列事情，百度的成长不会如此一帆风顺，但是我们可以看到，在与3721的渠道战争中，李彦宏依然是走隐蔽、沉静的路线。即使是在不利情况下，李彦宏仍然在静静寻找机会等待对手犯错——这与我们现在对中国本土又一互联网巨头腾讯的评价又是何等相似。但是，学会等待对手犯错的并不仅仅是腾讯，生性内敛、沉稳的李彦宏，也能演出同样精彩的好戏。

案例2·社区化之路

社区与搜索，看起来似乎是不相关的两件事情，例如著名的“Google发现的十大真理”中就有一句：Google可能是世界上唯一一个努力让其用户尽快离开自己网站的公司。从用户需求和体验来解读，这句话没有错：用户来到搜索引擎，为的是找到自己感兴趣的某项内容，如果用户能够在最短时间内找到所需要的内容离开，这意味着搜索引擎对用户来说具有更高的价值，也会赢得更多的“回头客”。在这一点上，社区与搜索引擎是相反的：社区更看重的是人际关系以及信息的交流，让用户停留在社区的时间越长，用户间的互动和信息交换越彻底，因此，更方便的互动模式的设计和更长的停留时间则成为社区所追求的目标。

百度贴吧的出现，则是让百度在社区和搜索之间架起了一座桥梁。该产品基于这样的一种理念：百度认为，现有的搜索引擎偏重搜索网上已存在的信息，但更多存在于人的大脑中的隐性信息还有待发掘，加强人与人之间的沟通，搜索引擎才能发挥更大的作用。

李彦宏在2003年的时候已经看到了这种趋势。当时，经过两年的推广，百度的竞价排名几乎呈几何级数迅速增长，李彦宏发现，人们对搜索信息的需求是无穷无尽的，可是当时百度收录的只有两亿中文网页，无法满足网民的需求。而大量的贮藏在人们大脑里的信息和知识还没有释放出来。因此，如果有什么方式让人们在网上自由交流信息，搜索引擎将发挥更大的作用。在这样的观念指导下，百度贴吧已经在酝酿之中了。

这一模式的关键在于"如何让用户制造内容"，这也是web2.0的精髓所在，这一设想在李彦宏心里琢磨好久，随后和刘建国、俞军等人讨论。在"搜索+社区"建设的可能性、优点以及美好展望等具体细节问题上，李彦宏都逐一向他们阐述了自己的看法。经过讨论，以郭耽、俞军、刘建国为代表的百度研发团队最后确定了它的可行性，项目也进入了实质性的调研和研发阶段。

2003年12月1日，百度第一款社区搜索产品——百度"贴吧"问世。其初衷是结合搜索引擎建立一个在线交流平台，让那些对同一个话题感兴趣的人们聚集在一起，方便地展开交流和相互帮助。用贴吧最早放在首页上的一句话，那就是"把人脑中的隐性知识分享出来变成显性知识"，只是由于自身的散乱和不够成熟，刚刚建立的贴吧并没有足够的能力去实现这个目标。但是，李彦宏却懂得找到合适的人来完成这一目标。从俞军到"最懂社区"的李明远的加入，贴吧也在不断发展，各种知识的丰富，名人堂、圈子等新颖模式层出不穷，贴吧也进入了良性循环，变成了一个真正丰满的社区和对百度的搜索结果有着巨大贡献的、一个真正有价值的体系。

贴吧的成功标志着百度搜索引擎从以网页、图片、音乐为主开始过渡到社区化即2.0时代，而2005年4月推出的"百度百科"和6月推出的"百度知道"则是在贴吧的基础上进一步发掘人脑中的隐性知识的举措。"百度知道"的思路是，用户自己根据具体需求有针对性地提出问题，通过某种悬赏机制发动其他用户来创造该问题的答案，而这些问题的答案又会被作为百度的搜索结果，提供给其他有类似疑问的用户，达到挖掘隐性信息，分享知识的效果。

相比起贴吧，“百度知道”的意义在于：搜索引擎通过对关键词的搜索来满足用户对信息的需求，但这种基于内容关键词进行索引的方式与用户基于自然语言的表述方式存在区别。早期的部分搜索引擎，如 AskJeeves 也有过以用户更习惯的自然语言来进行搜索的尝试，但这种尝试并不是很成功，之后 Google 在搜索引擎大战中杀了出来，但也没有解决关键词与自然预言的“不兼容”问题，尤其在中文搜索上，许多用户对互联网接触时间不长，他们并不擅长将自己的问题转化成最恰当的关键词进行搜索。这进一步影响到了搜索结果的正确性、直接性和和针对性，而“百度知道”的出现，使得百度用户在用自己更习惯的方式进行搜索时也可以得到较为准确的结果，提升了用户的满意度。

2005、2006 年是百度围绕社区理念快速发展的一个时期。除了“百度百科”和“百度知道”，百度还出了“百度百科”、“百度空间”，同时推出新闻等频道，媒体化趋势明显。2007、2008 年，百度分别将子频道影视、财经外包合作，标志着百度明确将“搜索 + 社区”列为核心业务，与 C2C 一起构成百度三大支柱业务。李彦宏进军电子商务，依托于社区资源，或者说，百度着力构建社区型的 C2C。可见，李彦宏将力图把社区打造成百度战略的基石。

2006 年，李彦宏在浙江大学演讲时肯定了百度社区化战略的正确性，其实早在 2003 年末贴吧出来的同时，他已经对外公布了百度未来的战略路线。他之所以敢这样做，是因为他对“用户体验”有深深的把握。例如百度百科的推出就是在对那时流行的网站博客和空间的使用中，李彦宏一直研究着“用户体验”，他敏锐地发现用户需要一个更稳定、快速的空间来写日志、发照片等来享受快乐。在这样的判断之上，2006 年 7 月 13 日，百度空间开始上线测试。

在百度社区化的进程中,2005年“超级女声”的热播也是里程碑式的事件。超女的走红带动了百度贴吧,超女选手们的粉丝纷纷在贴吧上开吧支持。就在2005年“超级女声”热火的时候,百度关于“超级女声”的贴吧每日流量有2 000万,一个“李宇春吧”每天发帖量就超过百万。可是,当时百度没有及时把这种流量转化为利润。于是,百度考虑在社区中植入商务信息,以会员优惠等方式激发他们的购买欲望。

2008年10月,百度电子商务“有啊”上线,而这也是一个依托于社区和空间的C2C。经过几年的运营,百度的“贴吧”和“知道”已经汇聚了很强大的能量,时至今日,“有啊”主人李明远已经离职,但是不能以此来否定百度商务战略决策的正确性。因为中国电子商务空间非常大,而百度进军这一块也有着以搜索引擎带动的优势,而且“搜索+社区+商务”本来就有着先天组合优势。

总之,在2001年推出了竞价排名商业模式之后,在产品战略上李彦宏确立了一条走“搜索+社区+商务”之路,这体现了他对搜索引擎的深入理解和对用户体验的深刻判断,也反映了他的高瞻远瞩和洞察力。而在这些决策的形成过程中,李彦宏都在深入地领会用户体验。他说他工作的时间几乎都用在网上,实际上就是在研究用户使用搜索引擎的习惯,再经过公司内部的各种讨论、调研分析之后才形成决策。同时,在很多大众场合,他也大声公开自己的这些决策,也发表了一些认识和见解。可见,李彦宏在隐忍、稳重和谨慎的做事风格中,也注意到动静结合,先抑后扬,而不是一味消沉,刻板僵化。

案例3·凤巢切换

2009年4月20日,百度“凤巢”开始上线测试。12月1日,百度全面启动“凤巢”系统,竞价排名系统下课。

2010年4月29日，百度发布了截至3月31日的2010财年第一季度未经审计财报。报告显示，百度第一季度总营收为人民币12.94亿元(约合1.896亿美元)，同比增长59.6%；第一季度净利润为人民币4.805亿元(约合7040万美元)，同比增长165.3%。这些数字让李彦宏非常喜悦，他就此向媒体表示，凤巢的表现超过了他自己的预期。

凤巢系统是百度原来的竞价排名商业模式的升级版，在2009年中国IT峰会上李彦宏表述了这一点。它将百度页面的广告位分为为左上、左下、右侧三个部分，在“左上”即左边最上方和“左下”即最下方开辟了以较深的底色，并在其右上角标注“推广链接”字样的两个广告区域，用以同普通的搜索结果内容区隔开来，并且每个区域的推广链接一般不会超过三条。据称，凤巢推行的是“推广平台—推广计划—推广单元—关键词对应创意”的结构方式，而此前的竞价排名的结构方式则为“推广平台—关键词组—关键词A……N—单一创意”。凤巢也被称为搜索推广专业版，号称搜索结果相关性的权重是凤巢搜索排名的重要依据。

至于凤巢系统的功能，有记者对一些百度广告主进行了采访。广告主表示从诸如不同专业性、数量的关键词，投放地域，时间段以及采用不同侧重的标题描述等参数来看，凤巢比过去的竞价排名精准一些，但是也有一些如价格不透明等新问题。对此百度强调客户投放广告的关键是看广告效果。

至于推出凤巢后的用户体验，有记者报道在凤巢推出后百度的用户体验依然未能从根本上取得突破性的提升。因为他发现，“凤巢”系统推出后，百度广告投放位置依然没有任何改变。对此，沈浩瑜表示：“提高产品和服务的质量，是百度的终极需求。但这也需要更长远的探索。”

对于凤巢来说，无论是百度对之前的竞价排名做一个升级，即对于之前的搜索页面进行优化，还是从根本上提升了用户体验，这些姑且不去讨论。总之，对于百度来说，换上“凤巢”总是比不换有着更多的进步意义，从切换后其在市场上的出色表现来看，我们认为，凤巢的切换是必要的和正确的。这也可以看成百度战略上的一次重大举措。然而，从这个动作看来，也可以窥见李彦宏对时机的很好把握。同时，在这种把握之中，我们又可以看到李彦宏谨慎、持重、沉稳而隐忍的风格。

“我理解大家对于百度将推广系统切换至凤巢一事非常关心，我希望各位能放心，这是由百度管理层做出的战略性决策，我们做了谨慎的考虑，我想我们将会很高兴及早而不是推迟了系统切换。我们非常相信，凤巢系统是一个营利能力非常不错的系统，时间会证明我们做出了正确的决策并实施了正确的举措。”在 2009 年 2 月 19 日百度分析师电话会议上李彦宏如此说。以此看来，百度凤巢的推出不是李彦宏一时的心血来潮和头脑发热，而是“谨慎的考虑”。因为他认准了竞价排名虽然很营利，但是必定要换新的形式。于是，在 2009 年 11 月份的时候，李彦宏不顾高层的一致反对，还是决定在 12 月 1 日的时候进行全面切换。

此前 2008 年 10 月，央视两次曝光百度竞价排名商业模式的黑幕，百度的竞价排名遭到社会舆论的质疑。几个月后，凤巢系统上线测试。因此有舆论认为，百度推出凤巢来源于央视对其商业模式的曝光，对此百度表明，凤巢的出炉与 2008 年下半年的曝光风波没有必然联系，而早在 2007 年 10 月，百度就开始着手组建 100 多人的团队进行凤巢的研发。

从百度公司的运营历史来看，我们有理由相信百度内部的关于凤巢研发起始时间的说法：即从 2007 年 10 月就开始出台这个项目，基于这点，凤巢的研发的决策也可以看成李彦宏看准时机寻求突破的一个案例。

2006 年 7 月，百度对外公布进军日本。在百度日本项目研发团队的快速进攻下，2007 年 3 月，百度搜索日文版上线测试。此后的一段时间里，百度忙于为进军日本而充实打造人才团队，2007 年前索尼董事长出井伸之出任百度独立董事。在日本项目已经基本有了眉目之后，李彦宏将大量精力用来思考国内市场，他开始确立百度走新媒体路线的发展战略。比如构建“搜索＋社区＋C2C”的业务模式。而在这样的一种战略模式下，必须有一种比较理想的可靠的商业模式来支撑，因而完善竞价排名已经成为李彦宏的一种深度思考了。

在与对手Google的竞争中，2006年六七月份，百度在营销上采取了重要的举措：推出精准广告，几乎同时又提高竞价排名起始价格。同时，由于在2004年接受了自己的代理商的某些建议之后，百度的竞价排名营销团队在运作中不可避免地走了一些弯路，从而导致了社会舆论的纷纷谴责和批评。比如2006年的客户堵门抗议事件让李彦宏陷入了苦思，而这一事件很可能成为李彦宏决定开发凤巢系统的诱因，因为李彦宏一定不希望有人天天在公司门前和自己过不去。于是，当2007年日本项目有了眉目之后，他在10月份决定开始进行凤巢系统的研发，同时也向外宣布进军电子商务。

可以推断，在凤巢研发项目的推进过程中，2008年10月随着人才资源的不断补充而加快，同时李一男的加入使得凤巢的研发进度得到实质性进展。几乎与此同时，2008年10月央视曝光了百度虚假医药广告内幕，李彦宏的竞价排名遭到了空前的社会谴责和道德考问。也就是在这一年里，与百度竞价排名有关联的官司诉讼和对立事件不断发生，因此，随着凤巢系统研发进展的接近尾声，就发生了2009年2月19日百度分析师会议上就有关启动凤巢的相关交流和沟通。到了4月20日凤巢开始上线测试。可见，凤巢的上线测试就是李彦宏为了摆脱竞价排名的弊端而带来的种种质疑、谴责和诟病，试图改善和提高用户体验的被动处境而采取的补救措施。在这个时候推出了凤巢，也是消除企业和品牌不良形象的最佳时机，也树立了百度公司和李彦宏“有错就改”和“承担社会责任”的形象。

据沈浩瑜说，百度凤巢最初上线测试的时候只邀请500个客户参与，但客户在试用了之后反应良好。随着测试的不断运行，在后来的几个月里，有越来越多的客户自动切换到凤巢系统。李彦宏后来接受采访时说，在凤巢和竞价排名并行的几个月里，几乎有70%的客户开始转入到凤巢系统。这些表明，凤巢对客户来说是可以接受的。因此，就在客户对凤巢有一个逐渐认识和接受的时候，李彦宏当机立断地在12月1日进行了全面的切换，因而在一个很恰当的时机里完成了百度搜索页面的优化和升级。

本章启示

顺应时机，伺机而作

“市场不等人。创新类的业务，踩准进入的时间点是边走边看，有些东西在你真正尝试之前不容易看清楚。比如电子商务将来的爆发力一定很大。但进入的Timing(时机)问题很重要。(市场)什么时候爆发出来，现在还不是很明朗。在这种情况下，太早进去就会饿死，太晚进去就没有机会了。如何抓住时机，这是我作为CEO天天琢磨的事情。”这是2010年5月份李彦宏接受《21世纪经济报道》采访时谈起“时机”时所做的表述。可见，“时机”在李彦宏的思维里是一个关键词。

时机就是具有某种事件的时空存在和有利的客观条件。它是一种机缘和际遇，是个人与世界在时空上的需求和能量交会而形成的一种对应关系，或者说就是一种成事的良机和时刻。当时机成熟，即在某一时候已经具备了做事的一定条件，如果能够把握住就往往可以获得成功，反之亦然。然而，很多人却错过了良机而只能望洋兴叹。

会不会或能不能抓住和把握时机，也往往可以成为区分愚者和智者的一种标志。把握时机，不但需要有敏锐的眼光、清晰的思维和灵活的反应能力，还需要有充足的准备。其实，这种准备就是一个勤奋努力、自我提高、充实力量的过程，也就是一种有针对性的努力，因此需要韬光养晦、沉静明智，不喧哗，不虚张声势，隐蔽蛰伏，稳扎稳打，步步为营。可见，充分准备，谨慎持重，坚韧不懈以抓住和把握机会，其中隐含着太多智慧和谋略，也是成为强者必备的条件。居里夫人说，“弱者等待时机，强者创造时机”，可能也包含了这个道理。

李彦宏深谙伺机而作之道，在创造和争取时机的过程中，同样也有着一种沉静隐忍、藏锋守拙的智慧。甚至可以说，韬光养晦，是李彦宏运营的一大特色，其中忍辱负重、恬退隐忍、沉静执著而不懈努力，都是为了等待时机以图大事，实现愿景而功成名就，即“藏器于身，待时而动”。然而，他的成功和令人折服的地方更是在等待时机之中如何精准、快速而有力地把握和抓住了时机。他聪明透顶，洞察形势，预见未来和时机，因而也就能准确而恰如其分地抓住它。

企业的运作时常会处在一定的市场环境和竞争形势之下，当形势利好时就要全力以进，反之就要克制隐忍，隐藏锋芒，静观其变，以待时机。而在平常的情况下，应该不做声张地增强自己实力，蛰伏而悄悄地聚集能量，以待一鸣惊人。《菜根谭》有曰：“伏久者飞必高，开先者谢独早。知此，可以免蹭蹬之忧，可以消躁急之念。”为此，应该从以下几方面努力：

第一，修炼内功，提高自身竞争能力。

企业要在市场竞争中取胜，毫无疑问要增强核心竞争力：资金、技术、品牌、市场和人才团队等。而这些需要修炼内功：完善企业文化和健全制度，打造有利于引进人才和留住人才的机制，致力于建设优质高效的团队，从而从根本上为企业提供优质的产品和服务提供了保证，也为增强吸纳投资和筹备资金的能力。当企业有了足够强的竞争力之后，才可以为企业达到“不战则已，战则必胜”的境界奠定坚实的基础。

第二，藏锋守拙，隐蔽战略意图。

一个企业要在市场上冲锋陷阵，手里必定掌握某种“杀手锏”，即一定的竞争优势和核心力量，或者可以说是上面提到的“核心竞争力”。可是，光有这些是远远不够的，因为一支再好的军队——精兵强将，装备精良，训练有素等，如果交给一个愚蠢无能的统帅来指挥，未必能够打赢战争。同样，一个优良的团队——有优秀的人才和优质的产品和服务，如果让一个昏庸、迟钝、无能的总裁来运营，也未必能够领导企业不断地赢得辉煌业绩，从而实现企业的愿景。而这些需要企业领导者或总裁具有智谋，能够分析形势、冷静观察，在某些企业核心项目或说具有竞争力的产品的决策、研发甚至投产之前，或某些具有杀伤力的市场策略出台之前等，务必隐蔽蛰伏、隐忍沉静、藏锋守拙、藏器于身而不是示以人。在更多的时候，将自己的战略意图隐藏起来，韬光养晦，只有时机成熟方可一举爆发。比如李彦宏施行“闪电计划”、“第三次融资”、“渠道扩张”就是这种藏锋守拙的经典战例。只有这样，百度才羽翼丰满，占据要地，横扫市场。

第三，识大局，知进退。

韬光养晦是一种策略性的隐忍沉静，而不是被动地委曲求全，逆来顺受，甚至在不顾形势的情况下隐忍退让，将利益攸关的重大利益和战略据点盲目而愚蠢地拱手让人。这种策略性隐蔽就要识大局，明进退，以企业的愿景和重大战略利益出发，纵横捭阖，阴阳动静、文武刚柔、屈伸张弛，审察利弊得失,应对自如。

第四,打造公关人才队伍,做好因势利导。

企业要打造一支强有力的公关队伍,重视建立和政府以及媒体的友好关系,建立对竞争对手和客户机智灵活的竞争策略。该强该弱,该抗该顺,一切都以企业利益为战略高度,顺势求变,不可拘泥于任何死板的形式和原则。

李彦宏实施闪电计划接近尾声的时候,就掀起了大富翁搜索等一系列活动,这是他对之前的沉静和退让所做的灵活调整,因此而取得了显著的效果。可见,企业家也应该学习他这种灵活自如的应变策略。

第二篇

猎 人 逻 辑

著名记者刘韧在2006年底的《李彦宏故事》故事系列中这样叙述道："2000年冬，北京CD酒吧。我作为《计算机世界报》记者应邀请参加百度年终媒体答谢会。最后一个节目是'杀人'游戏。我第一次玩，轻易举手同意将李彦宏'误杀'。李彦宏被'误杀'后告诉我，不应该先将他'杀掉'，因为他是会玩的人，一开始应该先将不会玩的人'杀掉'，这样游戏才好玩。那之后，'杀人游戏'开始在圈子里流行。那天，大家喊李彦宏Robin，我并没有联想到此Robin就是《硅谷商战》作者李彦宏。"

曾有朋友评价李彦宏说他不适合扮演杀手角色，因为他有点紧张总会露馅。梁冬曾这么评价，李彦宏不是一个那么善于掩藏自己的人，被别人误解的时候下意识地有点不爽。因此，可说李彦宏不善于表演，特别是扮演坏人。在2006年11月10日《鲁豫有约》采访中，李彦宏曾说："我都觉得，整个北京IT圈这个杀人游戏是我给带起来的，因为我们在2000年的时候，就是大家一起出去玩儿啊什么的，员工之间给他们介绍一下这个游戏，后来就开始在记者圈里头传，现在好像整个北京IT领域都有这么一个风气，有事没事就去玩会儿杀人游戏。"

其实，李彦宏在杀人游戏中“不善伪装”的表现正是其最真实的一面。在大众的眼中，李彦宏是一个稍微内向、腼腆的人，当然不善于表达，更不善于表演，而是一个现实中人。根植于现实者，李彦宏的心智也。作为一个企业家，他必须服从和受制于亘古不变的谋利的商业逻辑。所谓“天下熙熙，皆为利来，天下攘攘，皆为利往”，作为一个以企业家的身份，立足于企业发展运作的客观现实，纯粹地围转于利润的核心，已经不足为奇了，况且李彦宏本来就是一个不善于表达的沉静的人。

离开了利益，人就活不下去，何况一个企业，赢利才是股东的根本目的，也是企业存在的唯一依据。因此，当百度不惜一切努力去奋斗，以最大增值和扩展营利空间来步步追逐其终极愿景的时候，也就习以为常了。社会角色的划分，不以本质和内容为中心，而是以方式和途径为依据。强取豪夺为抢劫，避人而偷为强盗，只有谋而暗取为智者。商场如战场，强敌林立，危机潜伏，犬牙交错，如履薄冰。因此，商道即兵道也。

《孙子兵法·始计篇》有云：“夫未战而庙算胜者，得算多也；未战而庙算不胜者，得算少也。多算胜，少算不胜，而况于无算乎！吾以此观之，胜负见矣。”“庙算”就是出谋划策，古代兴师前就到庙里商议谋划。可见，“智谋”在兵法当中的重要。同样，没有智谋，也很难在商场上安营扎寨，怎么谈得上冲锋陷阵，翻云覆雨？

2001年9月，百度从后台走向终端，开始直接对网民提供百度搜索引擎，而向广大广告客户提供竞价排名服务。此时百度必须和Google等竞争对手直接交锋，虽然后者在2005年之后才开始正式进入中国。为此，百度在技术搞“闪电计划”：在渠道上不断拓展代理商队伍(随后又收购了很多渠道)；在流量上收购Hao123、构建百度站长联盟和后来的百度广告联盟；同时又掀起“万人公测”、“活的搜索、改变生活”、“百度一下，你就知道”、“唐伯虎广告”、“百度之星”程序设计大赛等一系列营销活动，在大张旗鼓的市场活动的同时，百度沉静而悄悄地建立起良好的政府、媒体公关。

百度在企业运作谋划中，顺势而为，谋而后动，阴阳交接，动静相成，在求利和自我的商业逻辑中，其深谋远虑，市场公关，可谓“匠心独运，神来之笔”。——后来百度社会责任多次受到大众的质疑，对此，李彦宏以沉静的智慧来对待，以沉默、低调、寡言、冷静为总的基调，以静为动，以退为进，以守为攻，以隐为显，以“从善如流”和“沉默改进”来应对众口之词。不久，他露面央视春晚，凤巢系统上马，以“积极塑造高度责任感的企业公民形象”的艺术动态来完善和调节沉稳的静，从而稳健、务实地履行了董事会赋予的使命。至此，李彦宏渐渐地树立了一个互联网大企业家的领导风范。

猎人以获取猎物为终极目的，以填充自己空囊为生存逻辑。无论是设置陷阱还是机关，采用围城封堵还是单枪直入等方式和技巧，再者就是带上猎狗和献以诱饵，经验越丰富、技术越高超的获得猎物就越多。当猎人在打猎和采取行动的时候，他一定不会呼朋引伴，或是向邻居高放喇叭，宣扬自己的“丰功伟绩”，而是悄悄地行动，静默地享用，一切都周密稳妥地进行安排和规划，简单而直接。如果把这种逻辑和风格投射到搜索引擎市场上百度的表现，也可窥见蛛丝马迹……

第二章

目标导向——建立在明确目标基础上的运筹帷幄

有人评价百度的成功在于：目标明确，市场定位准确，而且头脑冷静，不跟风，不动摇。这也正是李彦宏性格特点的体现，从一开始，他就能知道自己想得到的是什么，在充满机会的互联网领域，他却始终如一地专注于搜索领域；虽然是技术出身，但在他身上找不到技术人员常有的“技术高于一切”的偏执感；在互联网高潮、所有互联网企业都在烧钱时，他能够未雨绸缪地缩减开支；在互联网低谷时，他能鼓励员工不要只看到眼前利益，而是把眼光放得长远些……这一切都有赖于李彦宏对互联网发展趋势的准确判断，以及基于这一判断下制定的明确目标导向。

如果我们比较 Google 与百度在产品设计上的不同之处，我们不难发现，Google 是典型的技术主导型，鼓励技术人员天马行空式的创新，这就造成了 Google 能够高密度地推出许多又新又炫的产品，几乎每一个产品上线都能得到不少好评；而百度开发产品是有着明确的目标导向的，这个目标就是用户体验，百度常说的一句话是“百度更懂中文”，正是表明了这种在特定语言环境下的用户体验上的优势。

百度的员工用一个更直观的比喻说出了 Google 和百度的不同。Google

如同太阳，百度如同黑洞，太阳就是依靠强大的能量发射光芒，让人被动接受，而不考虑对方是否需要；黑洞则是依靠自身的努力，产生巨大的吸引力，让用户主动地接受自己，直到无法离开。从某种意义上来说，Google 做出的一些非常新、非常炫的产品和技术，百度并非完全做不到，而是百度做新产品最主要的出发点是看最终有多少人使用，只有在有了大量用户，能够切实帮助用户，也能为自己创造足够的商业价值的时候，百度才会做。

“不被市场接受的技术没有商业价值。”李彦宏的这句话已经成为经典。如果说 Google 是一个艺术家，那么李彦宏更像一个猎人——这或许与山西的晋商文化有关，从创业的第一刻起，百度想的就是如何生存和壮大。在当今这个商业社会，百度更多的会“在商言商”，因此不仅仅在产品开发上，李彦宏和百度的“以目标为导向”的猎人气质体现在更多方面：不管是在上市前的最后一轮经过六个月的周密考虑后决定引进 Google 成为自己的投资商，一面提升自己的价值，一面暗中壮大自己实力，还是在 2002 年采取了大跃进式的技术公关“闪电计划”。即使在当时百度员工看来这一旨在赶超 Google 的计划似乎有点“天方夜谭”，或是在从为门户网站提供搜索引擎技术服务转向推出竞价排名后不遗余力地加强对渠道的控制……这几件事情都有着一个共同点，那就是这都是一些很难下的决定，换了另一个人来做决策，或许最后的结果就不一样。在此当中，李彦宏的“目标导向”成为关键：因为能对未来有一个清晰的认识，所以能制定确定的目标；因为能制定确定的目标，所以能在执行的时候充分考虑各个环节，找到企业的机会，变不可能为可能。

企业必须具备统一而明确的目标，并且在组织内部形成紧密合作的团队才能取得成功。正确的目标离不开李彦宏作为百度领导人的高瞻远瞩，而目标在企业内部的传达和执行则是一个统一方向、增强凝聚力的过程。百度今天能够形成明确的商业逻辑、成为中文搜索的霸主，李彦宏在明确目标基础上的运筹帷幄起到了重要的作用。

案例 1·策略性融资

2004 年 6 月 15 日，百度顺利完成了第三次融资，共融资额度 1 470 万美元（有的说是 3000 万美元）。此次融资从 2003 年底就开始展开，持续了 6 个月。在这次投资者名单上共有 8 家公司，包括了德丰杰、Integrity Partners、Peninsula Capital（半岛基金）、信中利投资（China Equity）、Bridger Management、China value、华盈投资（Venture TDF）——令人意外的是，这份名单上还赫然闪亮着 Google 的身影。

百度这次募资的额度、股本结构和比例等具体细则是参照百度总体价值 1.5 亿美元来估算的，即每股价格 6 美元多，这个出价在当时的确让投资者瞠目结舌，因为百度第一轮融资每股价格是 20 多美分，第二轮融资每股是 1 美元多点。按照每股 6 美元多计算，短短不到 4 年，百度的市盈率就达到了 200 倍。可是，李彦宏平静地提醒他们，应该向前看，而不是往后看，因为根据他的判断，上市之后百度价值远远不止这个数。据说，当时财务官王湛生还没有到位，连请来的财务顾问对李彦宏的这个估值也很惊讶，最后经过一番考察之后才认同。

这次融资为什么会花了 6 个月时间？主要是因为李彦宏对投资者的谨慎选择，重要的是对待 Google 的态度。后来李彦宏在接受《新财富》采访时，道出了当时的心声："第三轮融资持续了 6 个月，我们在考虑是否接受 Google 上花了很多时间，因为两者之间的竞争关系是显而易见的，而当时百度并不缺钱。"既然 Google 是百度的战略对手，为什么李彦宏还引进它作为百度的投资者呢？这其实是一个战略与计谋（智谋）的问题。

2003年6月,据美国第三方权威统计机构 Alexa 统计表明,百度成为全球最大的中文搜索引擎。7月,百度推出图片、新闻搜索,其中文搜索第一的地位进一步巩固。12月1日,“贴吧”的诞生将为百度迎来了社区化时代。总之,2003年是百度流量大幅提升的一年,流量比上一年增加了7倍(2002年和主流门户网站的搜索流量持平);

Google 在创建之初,主要精力用在美国市场,到了2002年之后,海外市场的份额呈上升趋势,2003年,其海外收入是26%。而2002年是21%。可是,中文市场上,Google 却步履维艰,而中国市场是第二大互联网市场,在它的海外战略中占据着举足轻重的地位。随着2004年上市的临近,Google 应该加强对重要战略市场的渗透和控制能力,也增加自己上市的筹码,即当时进入中国已成为兴衰成败的战略举措,可是当务之急又要将很大精力筹划上市事宜,于是如果能够通过别的轻松方式如资本运作方式进入中国乃为上策。在中国市场,能够进入 Google 法眼的只有百度。

就在这样的战略空间和巧合情境之下,百度展开了第三次融资。正因为双方客观的需要,一个愿买,一个愿卖,双方终于开始走到谈判桌上来。对于是否引入 Google 投资,李彦宏考虑良久,可谓煞费心机,绞尽脑汁。对于 Google 的野心,李彦宏早已清楚;而他本人则更技高一筹:将百度估值提高到1.5个亿美金——这在当时看来是很高的股价,因为2003年百度还一直处于亏本状态,到了2004年第一季度才开始赢利,但这样有利于增强李彦宏本人的绝对控股权,即使引入资金,其所占的股权比例也只是极少的部分。更重要的是,这时候李彦宏韬光养晦,隐忍恬退,藏锋守拙,不让对方看出自己的真实目的和天机,为了隐藏真实意图而麻痹甚至迷惑敌人。在 Google 的意愿前面,李彦宏友好而温和地接受和吸纳了他们的资金;不过只是接受很少的部分,只接受499万美元的投资,允许它占据2.6%的股份，而这点股份在百度的整个股本结构中基本上就是微不足道。可是，这样一来，可以延迟 Google 直接将铁蹄踩进来，迷惑其战略意图；二来又可以提高百度的知名度，使得百度获得世界上最大搜索引擎公司——美国搜索高科技代表公司的血统，为国际投资者对百度另眼相看。可见，接受和吸纳 Google 资金是李彦宏的一箭三雕。提高了知名度，使得百度名正言顺。

另一方面，当百度从对手那里获得资金以后，用来招兵买马，扩充实力，做大盘子，等到一切准备就绪之后，时机成熟，就可以和 Google 撕破脸，锋芒毕露。《兵法》中的《作战篇》中说："善用兵者，役不再籍，粮不三载；取用于国，因粮于敌，故军食可足也。"可见，吸纳 Google 投资，也可以看做是"因粮于敌"。在这里李彦宏更高明的是，迷乱对手，隐藏自己的战略意图。2004 年夏天，百度以近 5000 万元人民币收购"Hao123"(当然包括现金和股权)，可以说，百度左手拿到 Google 的资金，右手就去收购了 Hao123。而收购 Hao123 又给百度带来了大量的流量和丰厚的收益，增强了百度的实力，在后来与 Google 的交战中发挥了非常关键的作用。

后来在接受媒体采访时，李彦宏说："Google 的加入会有效增加百度的品牌知名度，但百度仍是独立运作的公司。"其实，自从百度创办的那一刻起，李彦宏都把百度当做人生奋斗的目标和一生的事业，因为他敢于把自己在道琼斯下属公司的几百万的股权拿来作赌注，他已经是孤注一掷而义无反顾了，怎么会卖掉呢？可是，在引入 Google 资金合作的时候，他不能说出自己的真实意图，否则就无法实现自己的缓兵之计。只有当一切都就绪的时候，他在记者采访时才显露出来，可见当时李彦宏隐忍和藏匿之深。李彦宏也承认这是百度的策略性融资，Google 只拥有百度极少数股权，不足以影响百度的发展策略。

对于这种既合作又竞争的关系，李彦宏后来则有自己的说法："界限我认为是划不清的。Google作为我们的一名股东，我们要努力为之带来回报；而作为竞争对手，我们一定要超过Google，要做得比Google好。”

案例2·闪电计划

2000年9月，Google中文版正式推出。很快，Google就深入人心，短短时间内在中国开始拥有500万用户。虽然此时的百度更多的只是充当门户网站背后的绿叶，这还是让刚刚成立不久的百度感到了压力。技术上远远领先的Google发出咄咄逼人的威势：页面反应速度、相关性、索引量、内容更新频率这搜索技术的四项主要指标均全面领先于百度，Google的口碑在消费者群里日益完好，成为最先进的主流搜索引擎和搜索引擎的代表。长此以往，百度将面临大厦将倾的威胁。

2001年9月，在李彦宏的力主下，百度的经营方向发生了180度的大转变，从幕后走向前台，直接面对目标用户。此时百度的商业模式已经由门户网站支付技术服务费变为竞价排名，如果在技术支撑方面严重落后于对手，自然会影响到用户的使用，并进一步影响在搜索引擎上投放竞价广告的广告主的兴趣，百度的转型也只能以失败告终。

李彦宏和百度的处境只能用背水一战来形容。此时的Google中文搜索只是在美国总部成立了一个技术小组来进行维护，但在Google的技术的强力支持下仍然显示出了强大的实力，或许在中国市场Google短期内不会有进一步的打算，但一旦未来Google在中国市场发力，则百度危矣。

看到了百度技术上的落后和不足，李彦宏并没有无奈屈服于被动的现实。如果不能和Google一较长短，那么百度的转型就失去了意义，还不如继续为门户网站提供搜索就算了。因此，唯有先蓄锐而可爆发，先养兵而后开战。在这样的战略背景之下，2002 年 3 月，旨在全面赶超 Google 的“闪电计划”诞生。

根据李彦宏的意见，该计划将组成以雷鸣为首的 15 人的技术攻关团队，在 9 个月完成百度搜索技术的全面升级和改进，从而达到全面与 Google 抗衡的战略效果，同时要求部分指标要超越它：百度的日访问页面(pageview)要比原来多 10 倍，日下载数据库内容比 Google 多 30%，页面反应速度与 Google 一样快，内容更新频率全面超过 Google。

雷鸣是百度早年的“七剑客”之一，而“七剑客”全都成为小组核心成员。在北京大学计算机系读硕士的时候他就参与了北大“天网”项目的开发，按照李彦宏的话说，雷鸣是个搜索引擎方面的天才，是“中国最好的工程师之一”。百度第一代程序的大量代码就出自雷鸣之手。雷鸣带领的技术小组成员共有 15 人，曾被称为“野战排”。当时，有人产生过忧虑，觉得对付 Google，这简直是拿鸡蛋去碰石头。认为人家 Google 是 800 人，一个加强营的兵力，说了“我们打得过吗”之类的话。当时李彦宏还在广安门医院住院，他给大家打气说：“我们是在自己的国家‘打仗’，你们每个人平时不都对 google 不服气吗？这回真刀真枪干起来了，谁怕谁？”

2002 年 4 月，百度开始从原来的北大资源宾馆搬迁到海泰大厦办公，同时“闪电计划”也正式实施。在雷鸣的带领下，技术小组夜以继日地投入了忘我的不懈工作。为节省时间，小组成员们买来一部遥控玩具汽车，把需要交换的磁盘和文档放在玩具车上，谁需要什么，就由车运过去，省了不少腿脚工夫。还有人买了滑板车，站在滑板上去财务室报账。他们忙中取乐，一片热火朝天。

可是相对于“闪电计划”来说，雷鸣中道而废了。2002 年 8 月，他拿到了斯坦福大学 MBA 的 offer，开始准备出国留学了。雷鸣后来辞去了百度首席架构师的职位，2003 年从北京大学毕业后旋即赴美国留学。至于雷鸣离职一事，外界也有着不同的说法，有人认为是由于李彦宏对“计划”进度不满而引起，因为后来李彦宏多次在公开场合谈到人才流动时就说了“公司规模大了，这时有些技术人员开始浮躁，不安心搞技术了，开始对管理工作感兴趣”之类的话，于是外界认为这样的话是针对雷鸣，但这一说法遭到了当时担任百度总裁助理的毕胜的否定，认为雷鸣的离职是职场的自然现象。

无论如何，这一事件对“闪电计划”的实施还是造成了一定的影响。后来李彦宏在接受采访时说道：“我那时候就很着急。如果我们在技术上不能够变成最先进的，那我们在市场上就不能够赢得相应的用户。那我就说好，我 CEO 的事儿我不做了，我去做一个技术经理的事情，我来亲自抓这件事情，亲自去决定每一个细节怎么做，那么我也带了一个团队，这个团队实际上我给他们压力非常大。”对雷鸣也是只字不提。在雷鸣离职后不久的 2002 年 11 月，李彦宏在接受《原创 IT》记者骆磊采访时说：“‘闪电计划’正在按照我们的预想在不断地往前推进。大家可以感觉到很多细节的东西正在提升。”这样的说法与其之前所提到的进度有一定的差异，或许对于雷鸣的离职，李彦宏还是有一些自己的想法的。

雷鸣走后，李彦宏亲自担任“闪电计划”的技术小组负责人。由于总裁的出马，当然也给小组成员更为严峻的压力：在各项指标上要求更严，在进度上要求更紧，希望他们在最短的时间内完成任务。因此，小组成员也为此更加勤奋和投入，常有员工通宵达旦地工作。对此，后来李彦宏在 2008 年底接受人民网总裁何加正采访时说：“我当时跟他们说，我说你们现在可以恨我，但是未来你们会感谢我，因为这件事情对百度发展来说太重要了。”功夫不负有心人，在当年年底，百度宣布“闪电计划”胜利告捷。就在“闪电计划”结束后几个月，百度就展开了针对 Google 的“万人公测”活动。如果没有“闪电计划”打下的基础，百度上下也不会有与 Google 正面竞争的勇气和信心。

在闪电计划的攻关中，包含了对 FLASH 搜索和其他一些相关内容，致力于向客户提供一些有用和便捷的搜索服务，从而构成百度搜索技术的某些优势。当闪电计划开始之时，有称小组成员为对手浩浩荡荡的八百号大军而略有战栗，但据悉当时 Google 负责中文版的小组只有 5 个人，整体在以一种无所事事的态度来运行和操作，Google 的战略重点布局在欧美市场。尽管如此，闪电计划的历史功绩却不能抹杀。经过技术升级，网页更新速度、数据库容量等功能都得到大幅度提升。这为百度在 2003 年之后大开杀戒奠定了基础。

闪电计划的启动，是百度技术升级和全面提升竞争力的一次战略举措，同时与李彦宏的某种 Google 情结密不可分。就在 1997 年李彦宏进入 Infoseek 的时候，他就曾经发誓只要他在一天就要保证 Infoseek 在行业内第一的地位，可是后来事与愿违，公司被迪斯尼收购后就一直走下坡路，在搜索引擎市场方面被 Google 打得落花流水。一种幼年就养成的争强好胜已经在李彦宏目睹了硅谷商战之后潜移默化地酝酿成某种江湖义气和“战斗”情绪。更何况 Google 的两位创始人碰巧是当年威廉·张携李彦宏在澳大利亚布里斯参加国际互联网大会上发言的两个小子——他们一副天不怕地不怕的样子给李彦宏留下刻骨铭心的印象。在会后的交流中，李彦宏也发现他们有不少观点与自己的想法不谋而合，难免会给人这样的印象，他们只不过占了先机而已——因此，当这两个小子的 Google 在欧美市场呼风唤雨时，一股莫名的逆火会烧遍李彦宏的胸腔：只要在中国大陆出现他们的影子，百度一定要兵戎相见，一比高下。为此，李彦宏务必在中文领域摆兵布阵，博弈对垒，而“闪电计划”只是其中的一步棋局而已。在敌强我弱的形势下，不可强攻，只能巧取。而考虑当前对手拥有的良好口碑，百度在技术和口碑方面明显处于劣势。如要取胜，必须通过一些战略战术来扭转局势，以打造出有利于我方的局势。因此，百度必须在技术上切实提高，提升满足客户的技术服务。同时，树立有利于百度的口碑，为正式开战扫清障碍。

在“闪电计划”实施的前几个月里，李彦宏不声张，韬光养晦，深藏不露，处事低调，只是一面悄悄地提升技术实力，一面秘密约见未来的运营官朱洪波，为将来的大战进行周密部署。这犹如当年“破釜沉舟、卧薪尝胆，三千越甲可吞吴”的勾践那样。2002 年 9 月，当“闪电计划”基本上已经告一段落，李彦宏才开始真正发起攻势。就在当年 11 月接受《原创 IT》记者骆磊采访时他曾说过：“实际上这次算是我这三个多月以来第一次见记者，内部有人说我雪藏了三个月，这三个月我一直在领导‘闪电计划’。”

案例 3 · 占领渠道

在 2001 年 9 月 22 日推出竞价排名走向终端之后，为了提高核心竞争力，李彦宏着手加强在市场、技术方面进行努力了。就在 2002 年 3 月实施“闪电计划”的同时，李彦宏也悄悄地展开了市场渠道的布局。

在百度走向终端的初期采取的是直销模式，当年 11 月史有才加入百度之后就担任销售部经理领衔百度的销售团队，不出几个月时间，在他们的努力下，原来作为搜索引擎技术提供商时候的 100 多家客户 90% 都转化成为竞价排名商业的客户。可是在李彦宏的“长尾”里，这远远不够，因此推行直销为补，渠道为主的营销模式已经刻不容缓。为了快速提升百度销售的市场能力，必须引进销售的职业经理人，因为之前的百度销售团队不够专业。

在这个端口上，李彦宏毫不声张，静悄悄地招兵买马，周密而隐蔽地进行了作战部署：引进专业的职业销售经理人，集中全力进行销售队伍建设，低调而沉稳的进行营销模式——渠道代理的革新，为此，在《李彦宏和他的百度世界》里这样描述：“李彦宏密会朱洪波。”2002 年 3 月，经过中间人的引荐，李彦宏和朱洪波会见，经过洽谈，双方珠联璧合。于是 2002 年 5 月，朱洪波加盟百度，任高级副总裁，负责市场及企业级软件业务。

在朱洪波的带领下，百度开展了星罗棋布的渠道网络建设。据说，2002年的某一段时间里，在当时百度的知名度还不怎么样的市场环境下，他和史有才在7天内跑了7个城市，一天一个地去开渠道会议——新浪停机事件虽然在一定程度上提高了百度的知名度，可是这事件远远不是为了渠道推广而发生的。而这段时期——即伴随着“闪电计划”进行的渠道扩展只是在一种低调而隐蔽方式之中进行，百度初期的渠道扩张在不知不觉中把3721的代理商抢了过来，或者说，3721对百度的这种挖墙脚行为并没有放在心上——由于当时的搜索引擎市场几乎是3721的天下，如果不冲击3721的利益而另起炉灶，对于百度来说是难上加难。

当“闪电计划”接近尾声之时，百度在2002年10月召开了一次代理商大会。这时，百度才让自己的渠道扩张昭然天下。几乎与此同时，百度的搜索大富翁游戏也随即展开，此后才掀起了一系列营销活动。在这次渠道扩张之中，百度成功地与深圳移动时代、上海企浪、广州巨网等代理商进行了合作，这些代理商在百度日后的飞速发展中也起到了重要的作用。

2003年，百度开始具备了与3721的渠道掰手腕的实力。因为在渠道开拓上的优秀表现，2004年1月，朱洪波正式出任百度COO(首席运营官)；同年6月，史有才被晋升为渠道总监。在这个时候，李彦宏是把渠道拓展、巩固和市场运行当做企业的中心工作来抓的。但随着合作的不断展开，百度与代理商的矛盾也不断显露：双方在利润、服务等方面都存在摩擦，同时为了加强对代理商的控制和构建自身的销售体系，从2004年开始，李彦宏在发展渠道的同时也开始将重心转移到渠道的整合上来。

2004年7月的“巨网风波”，则是百度加强对代理商控制的一个信号。7月2日，百度公司公布了“广州、上海、北京”三地首批地区核心代理的通知，同时关闭了广州巨搜网网络技术有限公司(简称巨网)客户终端新客户开户的权力。而按照合同，双方的合作协议要到2004年12月31日才到期。百度的官方通知称，巨网从2002年11月成为百度代理商以来，多次存在违规情况和违反百度公司的销售模式，如“采取按关键字的个数收费，帮客户挑选一些非常冷僻的关键字，每个关键字收费价格超出正常点击费用的十几倍，甚至几十倍，对百度竞价排名业务造成恶劣影响”。“采取多收费，少转账的做法随意截留客户预付金，一次收取的开户费用超过百度标准价格数倍”以及“百度曾多次劝说巨网改正，但巨网至今仍然欠客户近50万元，其行为已经严重损害客户、百度和其他合作伙伴利益”。

百度官方通知中指出的问题也正是当时不少竞价排名客户所反映的问题。可以说，对于这一现象，百度和代理商都负有一定的责任，尤其对百度来说，这一事件反映了百度在过去一段时间内由于发展过快造成的业务和管理的放任、渠道政策的错误，百度的这次调整，从根本上说是李彦宏对过去百度渠道策略的反思以及更好地用自己可掌控的方式来销售竞价排名的愿望，之后百度开始收编自己的代理商，多少也是“巨网事件”的后遗症。

2005年2月21日，百度收购代理商上海企浪。上海企浪于2001年成立，向海龙担任总经理，时至收购前夕，公司已发展有200多人。收编之后，向海龙带领他的原企浪团队加盟百度。它是百度非常重要的大代理商，对于百度开展上海乃至华东地区业务起着非常关键的作用。可见，此次收购在百度发展史上意义非同小可，不仅使得百度的直销业务得到了加强，拉近投资人眼中的百度与Google的距离（Google在美国采用的就是直销），然而，李彦宏这次却保持了缄默。就像一篇文章中描写道：“百度有限公司上海分公司在一片寂静中正式诞生了。”这与李彦宏不喜张扬的性格有一定关系，但或许更多的还是李彦宏希望能低调处理这次并购，以免引起其他代理商的反弹和竞争对手的过多关注。

除了上海企浪，百度还与诸多代理商进行了隐秘的联系，以期在上市之时能将更多的代理商转为直销。他这些动作，进行得很低调和沉静，没有必要对外造势和张扬，因为他深深明白，只要先聚集充分的力量，在充实基础和底气之后，到时可以听任大开杀戒了，而如果过度宣扬自己，会暴露市场野心和战略企图，如果过度和过早张扬将会暴露目标而导致计划流产。之后在2006年，通过谈判，百度收购北京、深圳等地的核心代理的竞价排名业务和部分人员，形成了大城市通过区域直销中心进行直销、中小大城市依靠代理商进行销售的销售模式。

对于上海企浪的收购发生在2005年2月21日，再过几个月，就是百度上市的日子。可想而知，百度上市的时候也就是和Google摊牌的时候，但在此之前李彦宏必须还先要隐蔽部署。之所以要收购代理商，有报道说是李彦宏看中了其高额的利润，更重要的是李彦宏对渠道的控制和对竞争对手的作战。为了防止自己的代理商上海企浪有可能落进即将进入中国的Google手中(如百度的核心代理商之一深圳移动时代后来就成为Google的首批代理)，李彦宏选择了先下手为强，将渠道牢牢控制在自己手中，表明了李彦宏在精心地进行作战部署，软硬兼施，刚柔并济，隐蔽而秘密布置战略据点，为下一步和Google对垒奠定了基础。

本章启示

目标的制定和实施

“听多数人的意见、和少数人商量、自己做决定。”这是李彦宏在重大事件上的决策准则。随着百度的业务越做越大、李彦宏已经不可能对所有业务了如指掌，他同样用这样的准则与下属共勉，和他们一起确定企业的目标，帮助他们做出正确的决定。

在这种情况下，除了要确定正确的目标，要保证所有业务都按计划发展，目标管理对企业的重要性不言而喻。目标管理的实质是强调根据目标进行管理，即围绕确定目标和以实现目标为中心，开展一系列管理活动。企业发展取决于目标是否明确。只有对目标做出精心选择后，企业才能生存、发展和繁荣。

一个发展中的企业要尽可能满足不同方面的需求，这些需求和员工、管理层、股东、顾客相联系。高层管理者负责制定企业主要的总体目标，然后将其转变为不同部门和活动的具体目标。从理论上来说，这种目标应该是与下属共同制定的，而不是强加给下属的，但在特殊情况下可以例外，如在百度发展的早期，为全面赶超 Google 的“闪电计划”的实施，在很多人不了解其战略意义的情况下，李彦宏还是一边按计划推进，一边与团队其他成员沟通这一计划的重要性，最终为百度的发展积蓄了力量。在更多时候，李彦宏会用一种更民主的手段，与下属一起制定目标。

目标管理如果能得到充分的实施，下属甚至会采取主动，提出他们自己认为合适的目标，争取上级的批准。这样，从管理层到一线员工的每个人，都将清楚需要去实现什么目标。要让目标管理在企业运营中发挥最大的作用，可以从以下三个方面去考虑：

第一，目标制定的科学性。

共同目标既是组织存在的前提条件，也是管理活动要达到的目的。如果没有明确的共同目标来统一全体成员的思想行动，组织就如同一盘散沙，形成不了整体。目标的制定是一个科学的过程，需要运用系统科学的理论与方法(例如目标设定的 SMART 法则)，在充分沟通的基础上，既保持一定的前瞻性，又能在团队内部形成统一思想。在这方面，百度的“听多数人的意见、和少数人商量、自己做决定”的经验值得借鉴，但在做决定之前，决策者必须保证自己对项目最充分的了解，才能做出正确的决定。

由于目标是关键，所以目标管理强调对未来的预测、研究和目标决策，以保证目标的正确性；强调以目标指导行动，围绕实现目标开展管理活动，保证目标得到实现。

第二，目标执行中的控制性。

目标管理的理论根据是目标控制原理。为了实现管理组织系统的目标，必须在项目执行前明确目标要求，建立可观测、可考核的目标体系，找出关键的节点，在执行中再通过实际的目标状态与原计划目标要求进行比较，找到偏差并采取措施，保证目标实现。

做好目标执行的控制主要是抓好“两头”，一是目标输入，二是目标考评。由于目标控制把握住了目标这个核心问题，因此它既能做到宏观上不失控，保证目标实现，又能做到在目标指导下使微观搞活，充分调动部属的积极参与，以适应环境的变化，提高管理组织系统的应变能力。

第三，目标完成的激励性。

人是管理的核心。在企业管理中，能否调动人的积极性，共同努力达到企业经营的目的和标准，是管理活动成败的关键。要更好地发挥员工的主观能动性，让每位员工投入更大的热情，则需要管理目标具有一定的激励性。

激励在管理学中，广义的激励是指激发鼓励，调动人的积极性。从心理内部状态和行为过程来看，激励是指人的动机系统被激发，对行为有强大的推动力量，使人产生一种内驱力，朝向所期望的目标前进的心理和行为过程。管理者应根据企业的实际情况，在目标执行的过程中针对员工需求，设置有针对性的激励机制，并在实施过程中检验员工的动机是否被有效激发。

第四章

厚积薄发——积累是为了更好地爆发

《周易》第三卦"屯"卦，在爻辞中的说法是："元亨，利贞。勿用有攸往，利建侯。""屯"就是停滞、产生烦恼之意，表示草木之芽无法突破坚硬地面。屯卦为四大难卦之一，但也非全恶，只要以年轻的生命力忍受苦难，即有新的发展。这告诉我们，在新生事物刚刚起步发展的初期，既有充满希望、光明、活力与生机的一面，又有经不起"风雨"的弱小一面。因而，我们要以静观动，等待时机，不可轻举妄动。虽然前方可能存在诸多困难，但我们坚信"天道酬勤"，只要认清局势、做好积累，谋定而动，才能厚积而薄发。

李彦宏在留学时就开始接触信息检索技术、在道琼斯下属公司开始研究超链分析技术、在 Infoseek 的时候发明了第二代搜索引擎技术，通过在知名搜索引擎公司的工作，为自己日后创业打下了良好的基础；同时，李彦宏还深知自己技术出身、在商业运营方面的不足，不仅一边关注和分析硅谷商战的经验和教训，还请来了与自己形成互补的徐勇才开始创业，在 1999 年底进行互联网泡沫破灭前的第一轮融资；当这一切条件都具备的时候，就开始回国创办百度了。当时互联网世界的泡沫还没有破灭，引领中国互联网市场风骚的是新浪、搜狐、网易等门户网站，搜索引擎只作为门户网站所提供的一项附加服务，对手相对少，但还是面临着“北大天网”、“搜狐”等先行者的竞争。这时的百度选择了为门户网站提供搜索技术，甘当门户网站红花之后的绿叶，为自己挖来了进入中国后的第一桶金，解决了自己的生存问题。

当2001年互联网泡沫破灭，而此时的百度已经羽翼渐丰，这才有了后来的“新浪停机事件”，让百度最终走上了前台。此时李彦宏所需要处理的主要利益关系，不再是过去仰人鼻息为生的门户网站们，而是直接面对着来自另一个搜索巨头Google的威胁。对此李彦宏当然不能甘拜下风，因为在看到美国包括他的母公司等搜索引擎公司被Google杀得溃不成军的时候，他就下决心在中文领域和它决一雌雄。隐忍着对手在中国拥有良好口碑和500万用户的威胁，李彦宏默不作声，沉静潜伏，一边使尽浑身解数悄悄地推行“闪电计划”，一边开始在暗暗地酝酿渠道力量，密会了朱洪波；只有当“闪电计划”快接近尾声的时候，才召开渠道商大会，正式开始展开了搜索大富翁游戏“万人公测”、“活的搜索、改变生活”等营销活动。阴阳虚实，动静刚柔，抑扬张弛，皆运作自如。

另一方面，李彦宏还深得朱元璋“广积粮，高筑墙，缓称王”的真谛，在群雄混战搜索引擎市场的时候早早注意储备粮草，扩充实力，聚集力量。2000年9月展开第二轮融资，2004年6月展开第三轮融资使得自己的实力得到了壮大。尤其是在第三次融资时，明知Google有意吃掉自己，但还是审时度势，抓住了Google上市在即、同时又刚刚支付大量现金收购Picasa之机，不仅在融资时确保自己在股本结构中的支配地位，保存实力，以备万一，更是做了一次左手进右手出的乾坤大挪移，用这次融资的所得收购了上海企浪、Hao123等公司和网站，迅速壮大了自己的实力，而Google一年后挟上市成功之威再来讨论与百度的合作的时候，百度也已经一只脚跨进纳斯达克上市的大门。在上市之后，这种“韬光养晦”的策略也被百度所保留，如进军日本等决策，李彦宏也是事前不作声张，暗中调兵遣将，排兵布阵，只有当一切条件和要素都到位，才果断发起攻势。而另一个可以作为参照的例子是，随着百度的壮大，百度也开始学会采用先声夺人的战略，例如在2008年遭受"央视门"后，百度便迅速宣布了"阿拉丁计划"。虽然后来"阿拉丁计划"进展缓慢、不尽如人意，但是还是为百度走出当时的困境提供了契机。

有所为，有所不为，这是李彦宏成功的重要秘诀，但是对大多数人来说，重要的是知道什么时候"有所不为"，什么时候"有所为"，这才是李彦宏值得我们学习的地方。

案例1·四道关卡保卫百度

2005年8月5日，百度成功登陆美国纳斯达克。上市当日，以每股27美元为发行价的百度股价以66美元开盘，以122.54美元收盘，中途曾摸高150多美元，单日涨幅达354%，为美国股市2000年来新上市公司首日涨幅之最。站在百度狂欢的背后，Google公司立刻作出反应，于3日后马上授予中企动力为其在中国大陆首家代理商，正式与百度短兵相接。其实，Google公司为何会亲自出马？只因为一年多来曾想收购百度，但李彦宏对此早有防范，设下的重重关卡将Google的希望化为泡沫。

2004年6月15日，百度成功地进行了第三次融资，即上市前的最后一次融资。在前面的篇章曾经提到过，这轮融资给百度创造的价值不小：一是世界上最大的搜索引擎公司Google成为百度的股东，极大地提升了百度的品牌知名度和影响力；二是百度具有与自己股东Google几乎一样的商业模式，因此Google的风光上市和在华尔街号召力为百度所尾随营造了运势；三是百度可以用对手的钱来收购

Hao123和上海企浪等，做大盘子扩充团队。随着百度从Google赚得盆满钵满的时候，在精心策划好“草船借箭”之计后，2005年快马加鞭地策划“师夷长技以制夷”的策略，用以保卫百度，抗击抵御Google的恶意收购。本来在当年创业的时候，李彦宏就把做大百度抵御Google作为自己的愿景，怎么可以反而让Google收购呢？早在第三轮融资时只允许Google持有2.6%股份就已经埋下了伏笔。

为此，百度先后设置了四道关卡，而且每一道关卡，都是“一夫当关万夫莫开”，如此一来，Google要想收购百度只能是白日做梦了。

第一道关卡：牛卡计划。

据业界传闻，百度本来计划此次上市融资IPO的发行量为总股本的25%，可是到了2005年7月上市之初又将IPO规模调低，百度共发售404万股美国存托凭证，占已发行总股本的12.5%。其中，百度公司发售321万股，限售股东出售83万股。每股美国存托凭证相当于1股A类普通股，共融资1.091亿美元。IPO发行后百度扩大总股本为3232万股，包括A类普通股和B类普通股。

明眼人一眼便看出百度缩减发行规模的原因在防范Google收购。在IPO之前的百度的股本结构中：李彦宏22.9%，加上其他高管及员工的持股，总股数达35%之多，可百度几大机构股东的持股总数占到54.1%，一旦Google有意收购这些股东所持的股份，对百度来说将是一场灾难。在这样的背景下，李彦宏缩减了IPO的规模，并推出了精心策划的“牛卡计划”，也给百度上了避免恶意收购的双保险：本来，IPO发行的量就很小(12.5%)，如果Google通过直接或间接承接IPO股份(即A类股票)没有意义，而“牛卡计划”一旦生效，那么Google即使收购了原始股也已经没有意义。

“牛卡计划”是一个很中国化的名字，意即“很牛地卡住”。其标准学名全称为“双重级别普通股计划”(Dual Class Structure)，即上市公司股票具有两种级别完全不同的投票权，创始人股东具有极大的投票权，包括董事选举和重要的公司交易如合并或出售公司及公司资产等事项的表决权。具体到百度 IPO 中，将上市后的百度股份分为 A 类和 B 类股票。在美国股市新发行的每一份美国存托凭证代表一股 A 类普通股，表决权为每股 1 票。创始人持有的股票为 B 类股票，每 1 股拥有 10 票表决权。并且(更为关键和重要的)该计划还规定，一旦 Google 或其他收购方买下 B 类股票(即原始股份)，B 类股票立即转为同等数量的 A 类股票，权重下降 10 倍。但这两类股票的投资回报率完全一样。

在这当中，所谓原始股的定义为：所有在公司上市前股东们持有的股份均为原始股，由于百度 IPO 比重很小(12.5%)，这样 Google 通过直接或间接承接 IPO 股份(即 A 类股票)已没有意义，那么，如果 Google 收购原始股份呢？因为该条款中明确规定，一旦原始股被出售，即从 B 类股转为 A 类股，其权重立即下降 10 倍，那么根据 IPO 后的股权结构，Google 只拥有 2.3%，通过计算可以得出结论，从理论上讲，即使绝大部分股份均被 Google(或其他潜在的恶意收购者)收购，但只要李彦宏等创始人大股东所持股份在 11.3%以上，即可获得公司的绝对控制权。而事实上李彦宏一人持股即达 22.9%，所以除非李本人愿意卖掉百度，那么通过牛卡计划的设计，任何人想通过收购来有效控制百度的意愿都将化为泡影。

颇具意味的是，Google 首发上市时亦曾运用该计划，而百度是首家采取这种股票设置赴美上市的唯一的中国概念公司。这可以说是真正的“以彼之道，还诸彼身”了。

釜底抽薪：三个计划

除了“牛卡计划”外，另外三道关卡则分别是“五人董事会计划”、“摊薄计划”和“改组董事会计划”。这一系列行动有的更是在牛卡计划之前就开始做准备，可见当初李彦宏在决定接受 Google 的投资时，就已经推测了一年后如果百度上市对手可能的反应，从而早早布局，做到万无一失，也可谓是釜底抽薪而保险。

第一是“五人董事会计划”：在第三轮私募后，李彦宏修订了原先与前两轮风险投资者订立的股东协议，规定百度董事会由五名董事组成，CEO 李彦宏任董事会主席，由前两轮投资者各派出两名董事组成。董事会和优先股东有权首先否决任何非转让方之间的股权交易，有权优先选择对公司发行的证券。未经各轮优先股绝大多数股东的书面同意，公司创始人不得转让所持股份。

二是“摊薄计划”。百度董事会有权越过股东大会，一次性或分批发行最多 1000 万股优先股。董事会可以决定每批股份的数量、归属、优惠条件、权限等。这 1000 万股优先股接近百度总股本的三分之一，而且拥有至高无上的特权，可以预见，优先股的发行不仅是可以阻止可能的收购行为，还包括拖延或阻止控制权变动的实施，虽然如果百度一旦实施这一计划，增发的股票势必会造成对市场的冲击，对公司股价带来负面影响，但这就好比一个核武器，对潜在的收购者形成震慑。

三是“改组董事会计划”。公司董事会有权选举董事填补因董事会扩大或是董事辞职、死亡或除名造成的空缺，这样，李彦宏可以保证防止潜在收购者对董事会的渗透，以阻止外部股东擅自进入董事会。

百度设立的这四重关卡，表面上看是对 Google 这样的竞争对手可能的收购行为的防范，但是李彦宏很早就注意到了股份结构与企业控制权之间的关系，在他写的《硅谷商战》中就已提到创业者和投资者之间的矛盾，甚至创业者被投资者架空和排挤出局的例子，因此李彦宏不可能不注意到这一点，例如在拿第一笔风险投资时，由于看好百度，风投将原始融资额从 100 万美元提高到 120 万美元，但李彦宏的态度却非常坚定，风投的股份比例坚决不变。可见，这四重关卡并非完全针对 Google，而是能让李彦宏更好地掌控公司的命脉的做法，尤其在百度上市成为公众公司后，百度可以更加轻松地面对来自机构投机者和公众股东的压力，更好地专注于自己的长远目标。

案例2·借鸡生蛋

2001年8月，Baidu.com Beta版上线。9月20日，百度开始竞价排名业务。可是，在当时的市场条件下，百度知名度很低，3721和CNNIC还在把握着搜索市场的话语权。虽然先前百度在幕后给搜狐、新浪和上海热线等门户做搜索引擎技术的提供商，可是在广大中小企业那里，知道百度品牌的甚少。这对于竞价排名的推广带来严重的影响。

竞价排名服务的推出，与互联网泡沫破灭、门户网站客户纷纷过冬有着一定的关系。对此，百度已经做好了两条腿走路的准备，但在门户网站眼里，它们仍然是能控制话语权的老大，并没有把这种变化放在心上。因此在2002年3月，在李彦宏谨慎、隐蔽实施“闪电计划”的过程中，审时度势地突然给自己的客户新浪来了一个强硬动作——中止为其提供搜索引擎服务，这本是李彦宏那种深沉的坚定意志和强势内心的一次演习外泄，但却意外收到了干练坚决、果断利索给业界一个下马威的效果。

2002年3月12日晚7点多，网民像往常一样点击新浪的搜索框，搜索页面没有像平时那样显示出一页页的搜索结果，取而代之的是几个显眼的红字：“新浪欠费，百度停机，如需要更好的搜索结果，请登录www.baidu.com。”由于百度在后台掌控着新浪的搜索服务，所以对于百度扔下的这一堆话，新浪无可奈何。又有传言，就在事件发生前的当天，百度市场总监毕胜给多位记者打电话，让他们在当晚7点多上新浪网，可以找到新闻题材。

随后新浪网总裁汪延先生手机开始响个不停，他经过一番沉默之后才回应这个尴尬的事实。

据说事情是这样的：按照新浪和百度的框架协议，每月10日，新浪向百度支付网页搜索的既定费用。可是自从2002年1月以来，新浪一直以各种原委，包括现金暂时吃紧、春节放假、财务人员个人身体问题等多种理由拖欠款费；当百度再次催款时，新浪方面编造“我们公司高层和你们公司高层正在为此事讨论”之类的托词，于是百度最后采取了行动。

在停机的第二天，众多媒体就以“新浪欠费，百度停机”为大标题纷纷展开报道，不久就被炒成著名的“新浪停机事件”。事件最后以新浪补交费用妥协让步而告终。

百度在做出这样的强硬动作之前是否通知新浪，新浪是否还是以惯常的轻视态度对待百度的“最后通牒”才导致了这样的结果，我们不得而知。唯一可以确定的是，这事件大大提升了百度的知名度。新浪当时是我国第一大门户网站，广大网民在一夜之间就知道了给新浪提供搜索技术的是一家叫做百度的公司，这以后百度的用户流量骤增。

还有专业人士认为，停机其实就是百度的一次市场营销行为。当时，百度刚走向终端五六个月，知名度还非常低，在百度业务员向客户推广竞价排名的时候，由于有时无法解释清楚什么叫竞价排名，于是就干脆说，给我们钱，我们可以让网友在新浪、搜狐上找到你们。客户可以不相信百度，但不能不相信新浪、搜狐。可见，百度在最初与门户网站洽谈合作的时候就埋下了伏笔，据说当时徐勇更希望从与门户网站的合作中收取更多的费用，但李彦宏却决定，在与门户网站谈合作的时候只要差不多就好，重要的是尽快占领市场，直到后来利用与门户网站的合作关系推出竞价排名，大家才恍然大悟，哦，原来Robin早就在这方面开始动了心思。

借助新浪、搜狐等大门户网站之名气、品牌和力量来推销自己的商业模式和寻找客户；而在想提升自己知名度的时候，又拿新浪、搜狐等大门户网站来做文章，凭借的还是他们的品牌、名气和力量。如果换一种方式，或许可以这样表达：当初推行竞价排名的时候，李彦宏是站在门户网站的肩膀上飞起来的，但是，长久地站在新浪、搜狐等门户网站的背后，这对于内心骄傲的李彦宏是不能接受的，竞价排名的推出不仅有门户网站客户增长乏力的因素在内，也反映了李彦宏渴望摆脱门户网站制约的心理，甚至可以这么说，新浪在对待百度的迟疑和推诿给了李彦宏一个机会，而李彦宏敏锐地抓住了这个机会，让所有人了解了百度。

新浪停机事件，如此看来，也可以算是一次市场营销行为。当然，也可以看成是李彦宏在沉隐中一种力量的表达和爆发。

案例3·从搜索大富翁到万人公测

2003年，餐饮、旅游、商业和其他商旅行业因“非典”遭受重创，但是互联网行业却成为因此受益的行业之一——由于无法出门，用户只好通过互联网等方式进行沟通和联系。在这次“非典”中，百度并未受到影响，年初，百度“搜索大富翁”游戏开出了第一个汽车大奖，在网民中掀起了一股“使用百度赢大奖”的高潮；在6月举办的“万人公测”中，百度超越Google，成为中国网民首选的搜索引擎。尽管从事后看，这场“第三方测评”也有百度进行事件营销的嫌疑，但是不得不说，李彦宏在营销节奏的把握上相当精确。

在旨在赶超Google的“闪电计划”结束后，百度最重要的任务就是采用各种方式推广自己，让用户感受到这种变化。为此，2002年底，百度推出了搜索大富翁游戏，这是一个用搜索引擎答题的小游戏，用户在首页链接注册账号后即可参加游戏。百度会给出很多小问题，这些题目包罗万象，要想凭脑子的记忆和过去知识的积累答出来，可不是件容易的事，但是通过百度的搜索功能却可以帮你找到答案。在寻找答案的过程中，网民在不知不觉中提高了搜索技巧，还增长了不少知识。

为吸引网民参与，百度拿出了最有效的手段：抽奖。每天、每周、每月、每季都有抽奖，奖品从T恤衫到手机、电脑甚至汽车，这一招果然起到了立竿见影的效果。尽管每个人知道可能自己只有百万分之一的机会，但是，每个人都梦想自己成为分子，而让别人都来给自己当分母。

2003年2月，搜索大富翁的第一个汽车大奖开出，北京大学的一名学生开走了一部吉利豪情家庭轿车。颁奖仪式也成了百度宣传的舞台，当这名学生兴奋地从李彦宏手中接过大大的车钥匙模型时，不忘对百度投桃报李："我算是百度的忠实用户，准确快速的百度搜索引擎一直是我的最爱。在'百度搜索大富翁'游戏里，不但可以切身地感受到百度搜索强大的功能和独特的魅力，还可以学习搜索技巧和应用，这也为我的学习和生活带来很多便捷。另外，还有机会赢取百度为我们精心准备的大奖，真的是让人天天快乐，日日心动！百度大富翁开奖及时，公平公正，真诚与网友沟通，认真履行承诺，在网友中反响很好。"

这样的获奖感言完全是为百度量身订制，就算是百度为这位获奖者准备的也不过如此了，想来李彦宏听了一定很受用。

至于李彦宏为什么会花重金举办这样的活动，还是基于他"搜索永远不会过时"的理念。李彦宏认为，搜索是互联网一个基本需求，国外甚至认为搜索引擎具有上帝一样的力量，它可以控制人们看到什么看不到什么，这个力量非常强大。在当时每天已经有上千万的网民在使用百度搜索，百度提供搜索服务的网站包括新浪、搜狐、网易、雅虎，而在过去一年间，所有网页的检索量在以乘以三的速度增长，在所有网络服务中，搜索服务的增长速度名列前茅，且在若干年之后规模会更大。

无论是大搞“搜索大富翁”游戏，还是参与电视剧《众里寻他千百度》的拍摄，李彦宏的目的是为了把网民吸引到百度的网站上来。之前百度为门户网站提供服务时，门户网站更强调的是自己的内容，对于终端用户来说很难真正体会到搜索的便利性。为此，百度从 2002 年起从后台走向前端，对于百度来说，2003 年，将是让网民重新认识百度的关键一年，因而这样的市场活动非常重要。

“搜索大富翁”让用户知道了百度，知道了百度可以进行搜索，但是并没有能回答用户“百度和 Google 的搜索谁更好”的问题。为此，百度需要一个相对权威的评测来直面自己。

2003 年 5 月 28 日，赛迪集团下属的《中国电脑教育报》举办了一个名为“Google VS Baidu——两大搜索引擎对决搜索之巅”的万人公测活动。这次活动采用 UDI test，这是由美国著名的计算机科学家 Udi Manber 提出的一种搜索引擎质量评估标准，其主要思想是：评价搜索引擎的质量主要看用户的体验，由普通用户在没有任何暗示的情况下对两个搜索引擎的结果进行等级评分，并且在这种评分中引入用户信心指数，最后通过对大量评分的统计来得到两个搜索引擎的质量评分。

用来做 UDI test 的关键词一般需要庞大的数量，这些关键词通常是从检索日志中随机提取得到，非常具有代表性。为此主办方为这次公测准备了一个一百万个关键词的关键词库，参加公测的网民从关键词库中随机选择关键词进行搜索，最终有 10015 名网民参加了公测，最终公布的结果有两个：一是针对参与者用户体验的“主观”调查，约有 55% 的人选择百度比 Google 好用，10% 的人选择了两者差不多，有 35% 认为 Google 比百度好；另一项则是大量的统计和评分的“客观”测评，在满分为 2 分的测评得分中，百度以高于 Google 分数绝对值 0.14 分的优势战胜了 Google。

对于百度的此次领先，百度早期重要员工之一的雷鸣曾经做过这样的分析：

Google 的技术力量的确很强，有众多优秀人才，但是这些优秀的技术人员毕竟不在中国，不了解中国的市场和用户，Google 擅长英文处理，而中文是很有特点的语言，在互联网上的表达方式与英文不一样，因此 Google 擅长的英文处理方式在中文上就很难显现优势了。从对中国用户的了解程度看，核心技术人员都在美国、习惯于西方思维的 Google 也很难准确把握。Google 的这些劣势，都成了百度的优势。当然，百度能做好，也基于其持续的努力。

有意思的是，提出 UDI test 的 Udi Manber 是 Google 的工程部副总裁，用 Google 提出的测评的方法打败了 Google，这的确是让任何人看起来都能心服口服的说法，但真要细算起来还是有很多空子可以钻的，例如说关键词库的选择和结果的控制，等等，因此事后也有人对此进行质疑，认为“百度是这个活动的幕后操纵者，既当运动员又当裁判员，想不赢都难”。但有一点是肯定的，那就是百度在技术上已经实现了突破，在中文搜索领域完全具备和 Google 正面对抗的能力。

据说百度原来是希望由影响力更大的《电脑报》来举办这次测评的，但最终却因为各种原因没有落实下来。但是这一细节无关大雅，这次活动最终也达到了百度的目标。现在来看，万人公测基本可以看做是百度实施的又一次成功的事件营销。百度通过这种“田忌赛马”式的测评(Google 在中文搜索上并不是太重视，只有一个几个人的技术小组负责)，通过与 Google 的对比，让对搜索引擎的使用并不太专业的中国用户认识到，还有一家叫做百度的搜索引擎可以使用，从而又一次提高了百度的知名度。

此后百度乘胜追击，不断加大技术投入提高搜索的质量，而 Google 却原地踏步，在 2005 年进入中国之前，美国总部的那个技术小组就是维护 Google 中文搜索的全部力量——这也导致了在中文搜索领域，百度已经在事实上领先 Google。时任百度 CTO 的刘建国，在一次采访中就有“在中文搜索领域，百度领先 Google 3 到

5 年”的类似说法。

无独有偶，在 2007 年，经过两年的潜心修炼内功后，Google 开始对作为市场领先者的百度进行了反击，所采取的也正是盲测——根据正望咨询等机构的测试，认为 Google 超过了百度。但此类测试评价同时却收到主观性较强的质疑。看来，李彦宏为百度选择公测的时机刚刚好——当用户不熟悉搜索引擎时，通过这样的活动可以为广大网民起到扫盲的作用，而当用户已经对搜索引擎比较熟悉，形成了自己的看法时，类似的测试的作用也就有限了。

案例 4 · 精准上市

2005 年 8 月 5 日，百度成功在纳斯达克上市，当天百度股票开盘价是 66 美元，收盘价是 122.5 美元，中间最高价达到 150 多美元。

“如果说时机的话，我认为现在百度上市选择了一个比较合适的时机。不是因为 Google 在美国资本市场受追捧，而是因为百度已经搭建了相对完整的团队，有了相对稳定的业务模式。现在上市，既能体现公司的价值，也能体现投资者的价值，更对公司进一步发展有帮助。这样，上市就成为当然的选择。”

2005 年 8 月在美国纳斯达克上市之后不久，李彦宏在接受《21 世纪经济报道》采访时这样表述。我们已经知道，李彦宏是一个高瞻远瞩、志向远大而恬退隐忍、韬光养晦的企业家，同时，通过其做事的谨慎、持重和沉稳的风格来看，可知他是一个善于分析形势、善于捕捉和精确把握时机的企业家，2005 年百度在纳斯达克上市就是其中的一个典型案例，而在接受媒体采访时李彦宏自己也承认了这一点。其实，对于影响时机的各种因素，面对公众媒体，李彦宏却表达得过于含蓄而委婉，并没有做到直言不讳。

早在2004年1月李彦宏接受路透财经专访时，他就表示，希望百度能够成为中国的Google，成为中国上市公司在纳斯达克的新成员。在刚刚过去的2003年，中国在纳斯达克上市的三大门户中表现最好的全年上涨了420%，最差的也有220%的涨幅。这预示着投资者已经从网络泡沫破灭的阴影中走出来，对中国网络公司的信心正在日益恢复，百度也加紧了上市的步伐。

2004年6月15日，百度成功实现了第三次融资，共融资1 470万美元，其中又成功的纳入了竞争对手Google的499万美金，让其占有2.6%的股份，这既为百度在运营中提供了资金后盾，同时也提升了百度的品牌力量。

2004年9月，百度聘请王湛生担任首席财务官。王湛生在加入百度前是普华永道国际资本市场部的合伙人，负责协助亚太地区工作，主要职责为向大中华圈的企业提供首次发行上市、私募及跨国并购活动的相关资讯服务，百度选择其作为CFO，无疑是看中了其丰富的上市辅导经验。随后，在承销商的选择上，百度选了高盛和瑞银两家投资银行联合发行，有一个细节或许能说明问题：李彦宏在和高盛谈判时就要求其分析师安东尼·诺托来为百度写分析报告，因为安东尼·诺托在美国很有名气。更重要的是，在Google上市时，安东尼·诺托也为Google撰写报告，安东尼·诺托的分析和预测结果给投资机构留下了非常鲜明而深刻的印象。而另一方面，瑞银又是Google上市时的承销商之一，甚至后来百度在纳斯达克上市时，为百度主持交易的交易员也是一年前主持过Google上市交易的那一位，可以说这样的安排有助于更好地向投资者传达百度是“中国的Google”的形象。从这一细节来说，可见李彦宏是非常深有考虑和谨慎持重的。

经过约10个月的前期筹备工作，2005年7月21日，百度上市前的路演在香港正式开始。百度计划在亚洲发行的新股认购只有这次总数的10%，但李彦宏、王湛生他们还是比较繁忙，这次在香港的路演共花了4天时间。随着经历新加坡、伦敦的简短路演之后来到了美国。在美国路演时李彦宏他们租用了一架小型的私人飞机,往返于多个城市之间。他们向投资者介绍了百度的发展模式和前景,很多投资者开始对百度充满信心。

发行定价是 IPO 发行的非常关键的一环。8 月 4 日,百度上市的前夜,李彦宏和 CFO 王湛生在高盛的办公室开上市前的最后会议。对于这个发行价的斟酌,李彦宏、王湛生他们最后给出的定价是 27 美元,发行 4040402 股。本来高盛团队最初定价为 17～19 美元,但看到路演开始后百度受到投资者的追捧,又调价为 21～23 美元,但善于洞见未来和高瞻远瞩的李彦宏将它提到 27 美元,事后证实即使 27 美元还有很多上涨空间,但是为了稳重起见,还是将之定在一个比较保守而稳健的价格,在体现百度价值的同时又预留很多上涨空间。

就在那一天,得到李彦宏通知的已经离职的徐勇和毕胜已经到了美国等候(徐勇在 2004 年 11 月离职,毕胜在 2005 年 7 月离职)。第二天上午 10 点整,李彦宏夫妇、徐勇夫妇和王湛生、毕胜以及百度投资经理和坤等百度上市团队在高盛总裁的陪同下来到了高盛的交易办公室。据说,会议开始的时候,一个投资人老头儿乐呵呵地拿一张白纸让大家填写对百度最终开盘价的猜测。事后毕胜回忆说,他当时填写的是 46 美元,但没有看见李彦宏写下多少。事实上李彦宏当时根本没有去填写自己的赌注到底是多少,因为他心中会持有百度一个可以乐观接受的价格,这个价一定高于 27 美元,可是具体多少,他永远也不会说出。后来毕胜在接受《电脑报》采访的时候说道,"李彦宏话始终不多,很沉稳,看不出紧张的样子,这是他一贯的风格。"

当报价超过 45 美元的时候,所有的人都欢呼了,整个场面沸腾了,毕胜后来说他看到徐勇夫妇和李彦宏夫妇都热泪盈眶了。纽约时间上午 11 点 35 分左右,第一笔交易完成,股价涨至 72 美元,上涨 200%。第一笔交易出来之后,李彦宏给刘建国打了一个电话。本来要说很多话，但只说了两句就说不下去了，刘建国那边也非常激动。

纽约时间8月5日下午2:40左右，李彦宏团队前往纳斯达克交易所。当在交易所大楼下面纽约第43街下车的时候，李彦宏接受了中央电视台驻美记者的采访。下午3点整，李彦宏带队进入交易大厅，进行闭市仪式的演练。下午4点钟，李彦宏在分别与投资人、银行家、上市团队合影留念以后，启动了2005年8月5日纳斯达克的闭市仪式。他在交易所大厅发表了精彩的演讲，赢得了热烈的掌声。当天晚上举行庆祝晚宴，在晚宴上李彦宏和投资者亲切交谈。晚宴上，很多人都到台上做一个发言，而李彦宏的发言最短：只说了两个字"谢谢"。

在交易的两次休市期间，李彦宏两次接受了美国CNBC同一天对他的采访。此外，《福布斯》、《财富》杂志等众多美国知名媒体也都对李彦宏进行了专访。

2005年8月10日，百度完成IPO后，李彦宏启程回国，11日凌晨抵达北京。至此，在百度发展史上影响深远的纳斯达克上市神话暂时告一段落。在8月5日整个交易的当天，李彦宏给人最深刻而强烈的印象是"激动不已"。当交易价格超过42美元的时候，他激动了；当第一笔交易结束，他给刘建国打电话的时候他更是激动；当晚宴上发言的时候他只是说了简短的"谢谢"两个字。他的激动情绪里面包含着成功的辛酸和喜悦，如果说此时的激动是海面上狂风翻卷着的巨浪，那么在李彦宏的心底则是大海深处那久久平静的海水，因为他在激动和欢悦之下沉浸着一种冷静的思考、分析和判断。他知道，此刻百度股票有着惊人的表现和多个新的纪录是因为它是李彦宏本人和百度团队智慧的得意宠儿，是一个确切的时机进行的确切选择。

2005年7、8月份，百度在资金实力、人才团队、渠道体系以及产品结构等内因和中国互联网发展现状以及中国市场概念股、竞争对手现状等各种外因已经逐渐融合而接近到临界点，选择上市对于百度发展的重要战略意义已经不言而喻——可见，这次上市的成功是各种有利条件和天时共同促成。因此，李彦宏知道上市之后还有更多的事情要做，所以他绝不为了这点暂时的成功而欣喜若狂，甚至冲昏了头脑，而是在回忆、体验之前所做的努力过程而有所激动之后就陷入沉静的苦思：下一步怎么办？

据说，在筹备上市的过程中，即上市前约8个月左右的时间里，李彦宏一直缄默不语，恬退沉静。这段时间应该是自从引进 Google 之后的时期，包括2005年2月收购上海企浪的时候他也非常低调，很少接受外面采访，极少声张，而是勤勉努力，坚韧运筹，一边加强巩固渠道——比如就在这一时期里收编3721残余部队坐收渔翁之利，收购上海企浪等，一边默默充实自己的人才团队，2005年1月便邀请梁冬加盟，为提升百度的品牌和市场公关能力切实地打造基础。2004年4月，迁入理想国际大厦，同时将百度员工扩充到300多人。随着国际资本市场局势的渐渐成熟，李彦宏经过长久的瞄准和准备，最终时机一到就稳稳抓住不放。

自从2001年9月份走向前台之后，李彦宏便着手从各方面来进行百度综合实力的提升：通过“闪电计划”等措施来提升技术，打造强有力的渠道体系。如百度从2002年起建立渠道体系，随后两年进行渠道的扩张和整合。比如2005年进行渠道收购和收编3721残余；收购 Hao123 提升流量；通过搜索大富翁游戏、万人公测、百度联盟等市场营销活动来提升百度的品牌效力，切实而稳妥的组建人才团队；2004年2月提升朱洪波担任百度首席运营官；2004年李彦宏就和梁冬开始接触，2005年1月他加盟百度；2004年9月引入王湛生担任首席财务官，在技术人才上又有来自北大计算机系副教授的刘建国，此时的百度已经有300名员工。可见，到了2004、2005年间，百度不论在人才团队、业务模式、技术力量和渠道体系等已经确立了雄厚的基础实力，同时在市场份额和营利能力上也已经占据行业的头把交椅。

聪明的潜伏者不会永远地偏安一隅，不会消极隐退，而是藏锋守拙，伺机而出。君子动静有序，不守常道，潜伏准备时可以一言不发，爆发出动后就要一鸣惊人。上市了，当然也要表达一下发自内心的声音。上市当天，李彦宏接受央视驻美记者的采访，接受电视网 CNBC 的两次采访。而在后来的那些天里，李彦宏接受了国内国外众多媒体的采访，在访谈中也陈述了自己的一些心得体会和战略主张。比如，2005 年 8 月 13 日，即在回国后的第三天接受《每日经济新闻》采访时表示，最担心的是别的公司也专注做搜索。但是随后不久，李彦宏便逐渐从媒体视线里隐退了，从而开始专注的、谨慎而沉稳地考虑如何开展下一步工作，因为他知道——其实就在 2004 年引进 Google 资金融资的时候，他已经准备着这一大的到来——百度一旦上市之后马上就开始和真正的对手 Google 正面交锋。就在百度上市后的第二天，Google 高调宣布了在中国找到了两家代理商，其中一家是实力雄厚的中企动力。

在《李彦宏的百度世界》里有这样的叙述："2005 年 12 月 22 日，'2005—2006 年度中国互联网产业品牌调查'揭晓会上，到台上领奖的不是李彦宏而是梁冬，可见，这时候的李彦宏已经又开始沉静下来专注于公司的治理与企业竞争力的提升了。"

本章启示

艺术的爆发

市场时机对于企业发展的重要性已经不言而喻。不论在证券投资、创业、企业融资还是企业的运营上，市场时机总是任何项目成功运营不可或缺的条件。能不能看准某一市场时机，取决于企业领导者对某个市场的发展和运行的历史、特征、概况、现状以及某个时段或当口的各种市场要素的相互作用以及呈现的某种态势进行有深度的把握。当然企业领导者未必都能在每个市场领域面面俱到，但是一个企业对市场时机的专业研究程度要归于其团队的整体实力，而这又和企业领导者对市场时机所持有的观念、决策和认知水平息息相关。

对市场时机的判断来源于企业相关项目团队日常对市场的研究成果。时机抓住得准，就给企业带来事半功倍的发展效果，使企业如虎添翼，高速发展。可是，如果看到了时机，企业却没有足够的力量和实力去抓住，那将会错过很好的发展机会。而企业的这种实力需要积累和充实，需要培育和准备。在这种准备过程中，聪明的企业领导者应该保持低调，谨慎沉静，隐蔽蛰伏，只有当时机到了才一举爆发。

为了更好地把握时机，应该从以下几个方面努力：

第一，敏锐观察市场。

要把握和抓准时机，当然要知道时机什么时候降临。如果一个企业没有关注和研究市场，对市场了解和把握没有深度，甚至肤浅，那么也就无法看到有利于自己发展的时机。李彦宏对百度上市时机的正确判断，其中包括很多因素，其中之一就是他对多年来纳斯达克市场的发展以及中国概念股在其中的表现的认识，比如2004年中国网络概念股盛大等股票在纳斯达克的活跃表现就为百度获得投资者的认同带来示范效应，同时Google2004年上市也为具有同样背景的百度开创先例。这些都为2005年百度上市带来好的时机。如果李彦宏不敏锐观察市场，是很难做到这一点的。

第二，在全局的立场上来认准时机。

时机有多种，有些时机可能在某一个时间段里对企业发展起到推动和促进作用，但是对企业的长期发展没有意义；有些时机在短期内可能无法使得企业赢利，但是放在企业的终极愿景和长期发展来看，却具有不可低估的作用。比如，李彦宏决定在2009年12月1日全面切换凤巢系统，在11月份的内部会议上百度高层一致反对他的这个决策，但是他宁愿以暂时的巨大损失为代价来获取凤巢的成功切换。结果表明，切换后百度收益还是良好。如果放在一个终极愿景来看，这种切换的意义还更大。李彦宏站在百度全局的立场上在一个客户逐步接受凤巢的好时机进行全面切换，结果证明他这么做是正确的。

第三，在时机到来之前的准备过程要低调冷静。

为时机到来而做的准备，应该是信念坚定而又低调隐蔽，沉静以待的。因为如果高调张扬，就容易暴露自己的目标，同时也容易将时机的一些空隙留给对手抓住，容易暴露自己的精华部分，同时也给自己带来更多压力。李彦宏在为上市而做的准备过程中，沉稳低调而藏锋守拙地进行了第三次融资和收购Hao123等举措，不过这些他都在沉静中进行。于是这些行动都取得成功——当然没有成功收购深圳移动时代，可这并没有对后面的上市造成明显影响。所以，在为时机准备时要低调。

第三篇

坚毅之美

2008年7月7日，在北大2008本科生毕业典礼上李彦宏这样说道："很多时候，我感到百度能一直坚持做搜索是因为我对专注有宗教一般的信仰。普通人很难想象对于一个有2亿用户的公司，每天要面对多少诱惑。百度可以做一百件事，最后我们只选择了一件，并一做就是8年，而且还会再做下去……"可以说，李彦宏对搜索的专注精神几乎达到了登峰造极的地步，近乎虔诚的宗教境界。在这个意义上，他几乎成为中国专注创业的典范。他曾经说："我小时候有很强的不服输心理，越是大家不看好的事，我越是要做成。"

在这种近乎虔诚的专注中，有一种钢铁般的意志和果断的力量发源于他强大的内心，让他在任何压力、困难、挫折、挑战以及阻力面前坚强不屈、决不妥协，而是忠贞不渝果敢地实行自己的意愿或说愿景。同时，也为了不因外界阻力或变故而影响到对自己意愿的努力，他必须做好事前准备和谋划，即他必须通过事前的一些计划和行动来形成对格局、局面、局势的绝对控制和高度驾驭，从而达到主宰格局的效果——即李彦宏在创业过程中体现的强烈的"唯我"或者说"自我"的个体意志色彩和主体意志色彩。

然而，所有这些特质都为他的"专注"效劳。具体地说，李彦宏之所以在选择商业模式的董事会电话视频会议上坚定固执甚至动怒，正为了更好地专注于搜索的事业；在推出凤巢的高层会议上一锤定音的决策，也是因为要做好搜索事业；对渠道的强度控制，也是为了增加对对手的竞争力而做好专注。当然，李彦宏所有专注和果敢坚定不移的事项，都一定是他经过深思熟虑和判断之后所做的选择，那是因为先“认准了”，并且认为那是“自己擅长的和喜欢的”，才会专注如一和坚定不移。这也就是为什么他遵循的“听多数人意见，和少数人商量，自己做决定”的决策原则。同时，对于以上所说的“坚强不屈和决不妥协”，也是针对那些“认准了的事情”，而在企业运行过程中，对于那些无关大局的事项，李彦宏也是灵活对付，顺势而为。

因为专注，所以专业。这句话用来形容百度是最合适不过的了。2002 年前后，有人劝说李彦宏做无线增值业务和电子商务，但是他还是沉静地专注于当时不被看好的搜索；2005 年左右也被提议进军游戏产业，可是他还是无动于衷。类似的例子还有很多，在很多人都难以“Say No”的时候，他可以在百度创办的 10 年来，一直将主要精力专注于搜索以及与搜索有直接或间接联系的业务上。

在搜索领域的持续专注，使得百度对中国搜索引擎市场有着比竞争对手们更深入的认识，并在这一基础上，持续不断推出广大用户喜爱的产品。有人用“飞得更高”来形容李彦宏的努力，这种努力是非常执著而坚韧的，是锲而不舍的，甚至是坚定不移的。而值得注意的是，在每一次腾飞之前，李彦宏几乎都是一直蛰伏着。同样，在百度其他为了提升用户体验的产品系列当中，每走一步李彦宏都非常沉静，他把这些项目建立在百度的资金实力和科研实力基础之上，这也是其完美主义的典型体现。

与许多工程师出身的人一样，李彦宏也有着强烈的完美主义倾向，但他的这种完美主义并不是工程师们固有的对技术的狂热和偏执，而是基于用户需求和用户体验的无止境改善——这或许来自他在《硅谷商战》一书写作过程中的思维升华，即，技术本身不是唯一的决定性因素，商战策略才是决胜千里的关键。从这一点上看，李彦宏的“完美主义”更注重别人的看法，而并非曲高和寡的阳春白雪，这也是为什么百度能将完美主义和用户需求统一，并创造了巨大商业价值的原因。

据说《英才》杂志曾向李彦宏发问：“你是完美主义者?”李彦宏的回答言简意赅：“我是天蝎座的。”天蝎的特征就是睿智、冷静、坚定、凡事力求完美——由此可见李彦宏的刚毅和坚定意志，包括他的完美主义倾向，在先天就已经形成。“无冥冥之志者，无昭昭之明；无惛惛之事者，无赫赫之功。”(语出《荀子》)可见，信念坚定，意志坚强，笃定深沉，专注执著是李彦宏成功的基础；而在专注之上对完美的追求，则让李彦宏的成功多加了双重的保险，让其事业更上一层楼。

第五章

坚如磐石——坚定的意志是成功的保证

沃勒说过："尽管我们用判断力思考问题，但最终解决问题的还是意志，而不是才智。"这里说的意志或者意志力是心理学中的一个概念，它指一个人自觉地确定目的，并根据目的来支配、调节自己的行动，克服各种困难，从而实现目的的品质。

意志力是人格中的重要组成因素，对人的一生有着重大影响。人们要获得成功必须要有意志力作保证。孟子就说过："天将降大任于斯人也，必先苦其心志，劳其筋骨，饿其体肤，空乏其身，行拂乱其所为，所以动心忍性，增益其所不能。"中国古代俗语中也有着"三军可夺帅也，匹夫不可夺志也"的说法，这都说明了意志力对一个人的重要性。要想实现自己的理想，就必须以坚强的意志和勇敢顽强的精神，克服前进道路上的一切困难才能达到最终的目的地。

意志不仅仅意味着战胜困难的决心和勇气，当一个人能够做到自我约束和克制时，也就有了坚定的意志力。当年，艾森豪威尔在哥伦比亚大学做校长的时候，有一次脉搏突然加速，伴有胸闷头痛，他听从医生的建议，戒了纸烟。过了一个星期，他的脉搏恢复到正常。有人问他："如果有人在你的办公室里吸烟，你会不会厌恶？"艾森豪威尔回答说："不会的。这样反而会更加增加我精神上的优越感，证明我有充分的意志力来戒烟，但是他们却没有。”由此可见，意志同样也在于克制，在于严于律己。

水滴石穿，不是因其力量，而是因其坚忍不拔、锲而不舍；而专注，一直被认为是李彦宏和百度的代名词，也是李彦宏和百度成功的秘诀。在过去接受媒体采访时，李彦宏都强调自己是一个很专注做事情的人，当记者问及一个很俗套但又是很多人都关心的问题：他成功的秘诀是什么时。他的回答往往就是两个字：专注。从李彦宏的创业经历看，基本上是单线条的“搜索”。李彦宏说，他不喜欢多元化，但在这简简单单的一句话之后，包含着太多的克制，能做到不受外界蛊惑而最终成功，也是李彦宏最难能可贵的品质。

李彦宏的坚忍不拔来自于对市场的正确认知。“外界很多人觉得我的事业很 Boring(烦闷)，你们媒体也一直喜欢问我下一步会有什么新东西。我很无奈，因为我觉得搜索这个市场潜力很大，足够我们费相当长的时间去开拓，我不会考虑其他的东西。”李彦宏如是说。在创业的早期，正是看到了搜索引擎的长期发展，李彦宏才能抵抗住做 SP、做游戏的诱惑，而将自己的精力投入到当时还看不到什么前景的搜索中去，而当年许多靠 SP 起家甚至上市的公司，到今天要么半死不活，要么已经开始转型。

有了笃定和专注，让百度在关键时刻实现了商业模式的转型，顺利地进行了上市前的几次大融资，进行渠道扩张和提升流量做大盘子横向收购，集中有限资源来做搜索引擎。对商业模式的转型，李彦宏是这么说的：“我记得那一次董事会是大家通过电话会议来开的，我在深圳分公司的会议室里头，我们有其他的董事，从美国、从新加坡、从北京打进来，我们就为这件事情争得很厉害。最后，我觉得其实这种事情不是说靠讲道理就能够达成一致意见的，只有要显示出来创始人的决心，determination。”

是的,“决心”是李彦宏性格中的又一个关键词,而只要是经过考虑的事情,他就有着坚定的决心。不管是在创业的过程中牢牢地把握企业的方向,还是在面对 Google 的收购意图时一边迷惑对手,一边积蓄力量与强大的竞争对手开战,或是不惜冒股价下跌的危险,在 2009 年实现凤巢系统的全面切换,对此不管下属如何反对他依然坚定推行,因为他已经认准了。同样,正是这种笃定的决心和意志,让他在美国水牛城大学留学时在寒风刺骨的雪夜埋头苦读;在创业初始在北大资源宾馆艰苦的环境下进行自强不息的奋斗;和徐勇挨家挨户地去找客户;在 2003 年非典艰难时期带领员工顽强拼搏——古之成大事者,不唯有超世之才,亦必有坚忍不拔之志。只有播下坚忍不拔的种子,才能开出美丽的花。

案例 1 · 一心搞搜索

2000 年 1 月,李彦宏和徐勇从美国携 120 万美金在北大资源宾馆创办百度网络技术有限公司,研发百度搜索引擎,成为当时广大门户网站的后台的搜索引擎解决方案的提供商。2001 年 9 月,实现商业模式的转型,推出了竞价排名。在 2002 年底推出了 mp3 搜索,2003 年底推出贴吧,2004 年中推出新闻和图片搜索,巩固其中文搜索的位置。2005 年推出百度知道,2006 年推出百度百科,2007 年将财经、影视外包,但保留了视频搜索和游戏频道,2008 年推出电子商务“有啊”,2009 年推出“框计算”和发力无线搜索。考察 10 年来百度的主营业务,几乎都是围绕着搜索来进行,当然,这张网撒得很大。

在百度的预算分配里,李彦宏始终如一地恪守着一项基本原则——721,即将百度 70% 的资源投入到跟搜索直接相关的技术和产品研发中,20% 的资源投入到跟搜索间接相关的产品和技术上，只有10%的资源投入到其他创新项目中。“我这个人一旦认准的东西，就坚定不移，而且从来不后悔。”2005年12月接受《雅谈网》采访，李彦宏这样说道。李彦宏笃定坚韧，专注如一，又深沉执著。他不做网游，不做与搜索无关的业务。因为他知道哪里是他擅长的，哪里是他的薄弱环节，所以没有把握的事情他不去做。2009年6月27日，做客央视《咏乐汇》的时候，李彦宏曾经说过，“这是我喜欢的，我觉得做这件事非常好，我这一辈子就这样做下去，那就是成功。所以我更多觉得的是，每个人都应该去寻找适合自己的东西，做自己喜欢的事，做自己擅长的事，认准了就去做，不要跟风，不要动摇，这样自己就没有任何遗憾。成功的人生不存在一个相对的标准，我认为绝对标准是适合不适合你自己，这是最重要的。”同类的话他在很多地方都说得嘴都要烂了。但是，无论如何，他一旦认准了，就坚定不移地坚持下去。

2001年的一次互联网大会上，有一个网络公司总经理在和李彦宏聊天时说搜索引擎公司没有发展前途，因为搜狐、新浪都已经搞搜索，李彦宏只是冷静地表示自己很看好百度的未来。《一百度》这样叙述道：“Robin笑了笑没有争辩，只是很有礼貌地说，‘我看好搜索引擎，我们能够把搜索做得最好。’”

同样，刘韧在《李彦宏故事》中这样叙述道：“到2001年我的一位朋友有意加入百度，托我约李彦宏。那天下午，我们在北大资源楼李彦宏办公室见面，谈了很多，至今能记住的是，他说办公司应该专注。‘我们想到很多好东西，但需要忍住不做。’”

只有经过独具慧眼的发现，进而深思熟虑，反复研究得出正确的结论的项目和对象，才能称得上“认准了”。在开展行动，执行和从事项目过程中坚定不移，始终如一地朝着自己的目标和沿着自己的路线行进，而不被外界的纷扰、压力和诱惑等所奴役和左右就半途而废，才称得上是“不跟风，不动摇”。总之，一旦认准就归入定局。

2005年，百度在纳斯达克上市，百度账上一下子多了一大笔现金，到底拿这笔钱做什么呢？继2002年前后兴起互联网无线增值业务之后，2005年国内网络游戏市场风起云涌，好多游戏公司业绩快增，狂争这座网络金矿。有百度下属劝告李彦宏大举进军游戏业务，因为那里将会是利润的增长点，而且让李彦宏审阅他们做的国内游戏市场的研究报告，认为百度的用户中有不少是网络游戏玩家，而且网络游戏比社区和搜索更具黏性，可以让用户在百度上停留更长的时间。对于这些，李彦宏也做了深思熟虑，他谨慎地分析：百度做游戏没有优势，因为他本人就不是网络游戏迷，也不擅长这一块。在他看来，自己不擅长的事可能做好吗？因为他认为只有擅长的和感兴趣的才可能做好。因为，就算利润再高，他也没有兴趣。不过他还是想尝试着通过以提供平台的方式就此进行与别的网络游戏商的一些合作。因为他笃定的要遵循“721”原则，始终如一地专注于搜索，而对于网络游戏、无线增值业务、微博等，李彦宏都没有正面的涉足。于是，《一百度》又这样叙述道：“Robin 笑了笑说：‘有1块钱的时候，我会投进搜索里；有100万，我会投进搜索里；有了1个亿，我还是会全部投进搜索里。’”

为了专注一心地搞搜索，而在搜索业务里面，李彦宏又有专注里面的尤其专注者——集中精力搞那些最有发展前景的业务，同时去除一些不必要的业务。在2006年，几乎在百度推出精准营销的同时，李彦宏有点难于割舍地忍痛地裁撤了企业软件部。

2006年7月10日，百度公司解散了企业软件部。报道称，当日下午召开会议后，被裁员工就被告知邮箱等账号将会被注销，并且在下班前必须离开公司，补偿金为一年补一个月工资，不满一年以一年计算。此前百度企业软件部的业务方向是为企业和政府提供信息检索管理解决方案的软件服务，有百度网事通软件系统、企业竞争情报系统和数据库检索系统三个产品系列。到了2006年，百度企业搜索在百度的营收中贡献不到3%，但成本却占到了公司的8%。因而被李彦宏决心裁撤。其实，李彦宏并不是完全的裁撤，因为他还心疼那些要流失的27个人才。据称李彦宏后来把那些人才留了下来，而且为此他付出了每人1000万人民币的代价。

到了2007年，百度宣布进军电子商务，同时将影视和财经两个频道外包出去，这样李彦宏将有更多的精力来搞搜索以及与搜索间接有关的业务。

案例2·把握话语权

创业是残酷的，我们现在所看到的成功案例，往往是从上百个类似的创业项目中杀出的一条血路，只有最优秀的项目，才能在激烈的竞争中生存。而一个项目之所以优秀，就一定有着自己独特的理由。而这个理由一般都在于创始人独特的理念，独特的创业激情，独特的创新力、执行力和预见力。因为这份独特而优秀，因此，一个新兴创业公司所面临的最大挑战在于，创始人的意志是否能够成为整个项目的主导意志，能够一以贯之畅通地贯彻从项目开始运作以来的独特理念。

一个企业从创业到发展壮大，当中少不了借助资本的力量。对于创业者来说，如何在适当的时候通过转让适当的股权引进资本，在保证项目的健康发展时仍然能够把控项目的发展方向，则是一件值得研究的事情。对此，李彦宏深有体会，在他写的《硅谷商战》一书中就提到了多个因为资本的意志绑架了创业者的意志而导致项目失败的例子。因此，在百度的发展过程中，李彦宏一直注意对企业话语权的控制。

1999 年 11 月前后，百度进行第一轮融资。其中，徐勇与风投谈好的条件是 100 万美元，25%的股份（剩下的 75%中，按照李彦宏与徐勇的约定，李彦宏与徐勇的比例是 3∶1）。风投由于后来看好百度，将原始融资额从 100 万美元提高到 120 万美元。从资本结构上看，风投们的股份比例应该有相应幅度的提高，但李彦宏却非常坚定，比例坚决不变。

2000 年 9 月，百度进行了第二轮融资，IDG 引进了国际知名投资机构德丰杰联合向百度注入了 1000 万美元，其中德丰杰约占了总投资额的 75%，成为百度的单一最大股东，但其仍然只拥有百度 30%的股权，相比于上一轮融资，120 万美元资金就占到了 25%的股份。显然，刚刚成立了 9 个月的百度到底已经包含了哪些潜力和产生了多少增值，让人无法摸透，当时还没有推出竞价排名，也还没有“闪电计划”，只是有了一些客户和人数很少的团队。

德丰杰如此大笔资金只能占有很少的股权，与李彦宏的未雨绸缪有很大关系——当拿到第一笔 120 万美元的资金的时候，李彦宏将每一块钱掰成两半花，使得原定 120 万美元“烧”6 个月的计划延长到了 12 个月，也让李彦宏在第二次融资谈判时占据了有利位置。虽说李彦宏在做出这样的决定时未必会预见到这样的结果，但李彦宏当时对百度的控制之意已经浮出水面。

李彦宏对百度的控制还体现在其与公司另一位创始人徐勇的合作上。在企业发展早期，李彦宏和徐勇各司其职，倒也配合得相得益彰；但在后来推出竞价排名的问题上，主管销售的徐勇认为这样有风险，最终是李彦宏用自己的态度说服了董事会“尝试一下”，这或许也让李彦宏感觉到，在具体的业务方向，有必要“用一个声音说话”。

“竞价排名”的成功，无疑让李彦宏在对未来发展方向上具有更大的话语权。2004 年 1 月，百度对内部人事安排进行调整，朱洪波出任百度 COO（首席运营官），负责公司整体运营以及渠道建设和品牌市场的管理工作，接管了原来由徐勇主管的相当一部分权力；徐勇的头衔则是变为了百度的“首席策略官”，这个职位可大可小，但这个职位上的人提出的“策略”是否能够得到贯彻，还是取决于这一职位上的人在企业中的位置。一般来说国外企业首席策略官大部分是 CEO 兼任，以保证“首席策略官”的执行力，而在百度，明白人一眼就可以看出来，这是个有点虚的官衔。

不仅如此，在之后的第三次融资之前，李彦宏还对董事会的构成进行了安排。最终的结果是组成一个五人董事会，李彦宏任董事会主席，另外由前两轮的四个投资者各派出一名董事。徐勇被排除在董事会之外，虽然还顶着“首席策略官”的头衔，但是对公司的发展策略已经失去了发言权。徐勇变成了“空头司令”，这样看来，徐勇的出局已成必然。

既然徐勇注定要出局，那么董事会作出的限制公司创始人转让股份的决议就具有非常明显的针对性。为了保证对公司的控制，董事会还做出了一项决议，未经各轮优先股绝大多数股东书面同意，公司创始人不得转让所持股份。这个决定意味着徐勇就算未来要离开百度后转让自己名下所持有的股票，更多的也只能在原有大股东内部进行转让。

2004 年 8 月，徐勇向董事会提交了辞职申请。随后进行的一系列调整逐步完成了李彦宏的布局，让李彦宏在企业中形成了自己的权威，即使在上市后的招股说明书中我们看到，第一大股东是德丰杰而不是李彦宏，但李彦宏仍然对企业的发展具有相当的话语权。

李彦宏对百度的控制还体现在之后的融资和上市上。2004 年，百度进行了第三次融资。包括 Google 在内的 8 家机构一共向百度注资近 2000 多万美金。这次融资后及百度 IPO 后的股权结构如下表：

<table>
<tr><th>股东性质</th><th>股东名称</th><th>IPO 前股权比例(%)</th><th colspan="2">IPO 后股权比例(%)</th><th>备注</th></tr>
<tr><td rowspan="2">创始人</td><td>李彦宏</td><td>25.8</td><td>22.9</td><td rowspan="4">合计 38</td><td rowspan="4"></td></tr>
<tr><td>徐　勇</td><td>8.2</td><td>7</td></tr>
<tr><td rowspan="2">高　管</td><td>其他四位高管</td><td>3.7</td><td rowspan="2">8.1</td></tr>
<tr><td>普通员工</td><td>5.5</td></tr>
<tr><td rowspan="5">其他机构投资者</td><td>DFJ</td><td>28.1</td><td>25.8</td><td rowspan="5">合计 49.5</td><td rowspan="5"></td></tr>
<tr><td>Intergrity Partners</td><td>11.0</td><td>9.7</td></tr>
<tr><td>Penin-sula Capital Fund</td><td>10.1</td><td>8.5</td></tr>
<tr><td>IDG</td><td>4.9</td><td>3.2</td></tr>
<tr><td>Google</td><td>2.6(投资 499 万美元)</td><td>2.3</td></tr>
<tr><td>上市公募</td><td>公众股东</td><td>0</td><td>12.5</td><td>合计 12.5</td><td></td></tr>
<tr><td></td><td>合计</td><td>100</td><td colspan="2">100,共 3232 万股</td><td></td></tr>
</table>

2005 年上市之时,为防止潜在竞争对手对百度的收购,李彦宏设置了"牛卡计划"等四道关卡,保证了自己对百度的话语权。对此在前文已经详细叙述,这里不再赘述。

案例 3 · 收购 Hao123

2004 年 6 月,百度结束了第三轮融资,Google 成为百度的股东,"Google 即将收购百度"的传言满天飞,而此时的李彦宏在接受媒体采访时也耍起了太极,并没有把话说死:未来百度的发展,上市或者卖给别人,都有可能。

李彦宏所展现出的合作姿态,实质上就是延缓 Google 进军中国步伐,使之放松警惕的"缓兵之计"。之前 Google 在中国的发展步伐缓慢,除了 Google 的主力仍然在欧美市场的原因,还在于 Google 一直在观望,对百度有所期待,希望能通过资本运作这种省时省力的方式占领中国市场;而对百度来说,在自己对很多事情还没有绝对把握的时候把 Google 惹毛了,对百度没什么好处。从 2004 年下半年到

2005年8月登陆纳斯达克市场的一年间，外界在不断炒作百度是上市还是卖给Google，而百度却展开了一系列的大动作，当中不仅有对核心代理商巨网的铁腕手段，也有收购导航网站Hao123和代理商上海企浪的资本运作和并购，这一切都是为了一个目的：把控渗透率，为百度的上市和与Google正面开战做准备。用时任市场总监的毕胜的话说就是："李彦宏一直都认为，百度独立发展是最好的道路，Google想收购，门都没有，那只是他们的一厢情愿而已。"

可以说，无论是之前推出竞价排名，还是旨在赶超Google的"闪电计划"，或是为了提高百度知名度的一系列营销活动和"万人公测"，都是李彦宏一直以来谋求独立发展的体现。而百度收购Hao123，更是百度在独立发展道路上的重要一步。

Hao123就是一个方便易用的网址导航页面。2000年左右，创立者兴宁人李兴平将当时中国排名前5000位的站点进行分门别类，按用途组合排列在一起做成一个网址大全的页面，这就是Hao123的雏形。Hao123的页面一目了然，只要一打开浏览器就可以看到国内各类最出名的网名，一点击就可进入，这符合了那个时候刚刚接触网络的初级网民的需求。他们上网不是记不住网址，就是不会输网址或者懒得输网址，他们磕磕巴巴地打字，不懂得使用搜索，也不会使用收藏夹，甚至不知道地址栏在哪里，网民只需要用鼠标点击链接，就可以去到他想要去的地方，甚至连后退键都不用。因此，Hao123迅速发展成为当时大部分电脑浏览器主页（比如网吧等），甚至成为替代电信上网培训的工具。在中国互联网爆炸式发展的那几年中，Hao123成为许多网民电脑开机后的首选。到2004年9月1日，Hao123在Alexa全球排名第26位。因此，李兴平本人也获得几乎月达几万的网络广告收入。

Hao123的蓬勃发展，一直都处于李彦宏的谨慎的关切之下。在他看来，百度与Hao123有着天作之合，两者完美互补。百度是一个搜索引擎，用户可以通过百度搜索适合自己的网站；Hao123这个网站却是反搜索的，它提供傻瓜式的导航服务，并拥有了广大的用户。百度所面对的是熟悉网络、以搜索为主要习惯的熟练用户，而Hao123面对的是需要借助导航站位工具、以网站浏览为主要习惯的低端用户。如果能收购Hao123.com，不仅可以把这两块最大的互联网人群都揽入怀中，还有助于推出百度围绕着搜索衍生的一些新的频道，从而稳坐中文网页搜索引擎头把交椅。能否收购Hao123，对百度的兴衰成败都有着非常关键的意义。因此，在2004年6月15日顺利进行第三次融资之后，李彦宏便着手用Google投入的499万美金的部分来展开对Hao123的收购，以便达到做大盘子，抢先一步下手，从而达到阻击Google的战略效果。

在这样的战略背景下，2004年夏末的一天，百度深圳分公司的刘计平来到兴宁找李兴平洽谈收购百度收购Hao123.com事宜。刘计平从利用李兴平业务忙碌的时机谈起了一个人运营Hao123这样的网站的困难，从而把话题引入Hao123的未来和团队的力量，之后刘计平正式说明主题，与对方谈起了大概的收购价格（包括现金和股票）。在经过和父母商量之后，李兴平到酒店去找刘计平，再提升一点收购价格，只愿意接受税后款。在后来的几天里，在经过李彦宏的谨慎而深思熟虑之后，谈判终于成交。据悉，Hao123的成功收购，百度花费了1290万现金外加4万股百度股票的代价，如果按百度后来上市后当天价格计算，该笔收购价值约5000万人民币。2004年8月31日，李彦宏对电话采访的记者确认了正式收购Hao123。

一个简单的分类导航网站能卖出5000万的价格，的确令人吃惊。在2002年，另一位中国互联网的著名草根蔡文胜看到Hao123如此火爆后就问他的手下，如果用100万元收购Hao123是否值得，他的手下看了Hao123后回答，这个网站非常简单，一会儿就可以做一个。这就是另一个分类导航网站265.com的由来，之后这个网站被百度的竞争对手Google收购。

这或许也就是为什么许多对Hao123有意的网络公司没有能下决心收购的原因。尽管Hao123取得了成功，但在很多网络公司眼里，他们一边羡慕Hao123的运气好，一边对于这种看似简单、缺乏技术含量的网站从内心里是轻视的，这也影响到了他们对 Hao123 价值的判断，而当 Hao123 月收入达到百万级别时，再想让他们拿出与之相匹配的现金来收购就更加困难了。事实上，放眼当时中国互联网，有魄力以如此代价收购 Hao123、并有能力将 Hao123 的价值最大化的公司并不多，而百度正是其中之一，也是最适合的买家。

如此昂贵的一笔收购，李彦宏也在务必求成。现在业界也可以假设，就算李兴平提出的价格再高一点，相信李彦宏也会出手，因为收购 Hao123 对于百度的战略意义太大了。而对着战胜 Google 而怀着坚定意志的李彦宏，一定会经过一番取舍和权衡之后决然出击。

案例 4 · 渠道收编

在李彦宏决定百度独立发展、并暗中壮大自己力量的过程中，对渠道的收编则是除了并购 Hao123 之外又一件大事。从 2004 年 7 月 2 日百度收回巨网客户终端新客户开户的权力算起开始，直到 2007 年 10 月收回深圳时代赢客公司(原移动时代)的代理权，李彦宏用三年的锲而不舍，终于达到了自己渠道收编的目标。

在 2005 年 2 月收购上海企浪后，百度还继续大举收购其渠道代理商。据称 2005 年上市前李彦宏妻子马东敏和朱洪波曾经秘密来到深圳移动时代和其总经理马伟晋谈判收购事宜，同时与他们一起来到深圳的还有一辆华晨的宝马(据说是百度奖励优秀代理商的礼物，之前百度问马伟晋，是要股票奖励还是要汽车，马伟晋最后选择了汽车)，可是谈判没有成功。

移动时代的这次拒绝并没有让百度整合渠道的脚步有所放缓，上市之后，百度的取得控制步伐没有停止，反而加强了。从 2006 年到 2007 年，百度展开了一次渠道收编行动,这次行动曾被业界人士称为“百度版的三湾改编”。在这次“三湾改编”行动之中,百度收回了包含北京真龙广告、精合信达和深圳时代赢客在内核心代理的代理权。

在竞争机制不健全的市场环境里,“渠道为王”的特征依然主宰着企业的市场策略,这在搜索引擎市场竞争里尤为如此。在2001年走到前端之后,百度与3721激烈的渠道战争中,深感对代理商影响力微弱而推行总代理制,但这也很难培育起他们的忠诚度。如此一来如果受到竞争对手的猛烈攻势,百度的江山将陷入风雨飘摇的险境,中文搜索引擎第一的位置将会失去稳固的基础。李彦宏在渠道上采取铁血政策,加强对渠道代理商的把控,加大对相关业务网站的收购和整合,全力实现流量的突破性提升,通过加大市场的各种渗透力度,来构建百度在当下竞争环境和后来对垒Google的市场和渠道优势。

在百度上市前的几年布局中,百度集中主要精力对抗3721,同时也为日后对战Google埋下了伏笔。在这些基础性工作上,李彦宏可谓处心积虑,破釜沉舟,有着不达目的誓不罢休的坚定信念。只有把这些资源占为己有,才能有效地防止它们落入敌手。对于这些资源的整顿和控制,成为李彦宏的头等大事。因此在对渠道和流量的争夺上,李彦宏显出了坚定的意志和必胜的决心。早在那几年里,李彦宏就知道将来在中国市场和Google难免一战,因此对渠道的夺取也是先下手为强。

那几年里,百度和代理商一直处于貌合神离的关系之中。代理商们曾为百度的竞价排名立下了汗马功劳,同时也存在诸多运作不规范的问题,也想做一些小动作来捞一把。更有甚者,有的代理商偷偷摸摸脚踏两只船,明处做百度代理,暗里也代理竞争对手的业务。还有的代理随着翅膀的长硬而开始不听话,只顾着想方设法收客户的钱——例如有的要求客户一次性缴纳较长时间的费用,当客户犹豫时,就带有欺骗性地说“如果没有效果该笔预存费用可以随时返还……”等,其实打入百度账号的钱返还的过程非常麻烦,需要各级的审批和签字,终使钱款返还的事不了了之。这样会严重影响到百度的信誉和百度市场行为的统一。因此,整顿和洗牌已经刻不容缓,巨网事件便是其中的典型代表。

早在整顿之前,百度和巨网就纠缠不断,巨网同客户签下一个200万的大单(其中客户首批支付100万元)成为这场风波的导火索。江湖有传言称,为了这个200万大单,百度某高层和巨网产生了矛盾,巨网方面则称,百度承诺“会针对此单给巨网另加5%的奖赏即5万元的提成奖励”,但却变脸不承认了。于是百度很快发表了《关于取消广东巨网代理权限的通知》。

《通知》认为,从2002年11月巨网成为百度代理商以来,巨网曾有多次严重的违规操作,通过违反百度业务规定来向客户收取超过正常标准十几倍甚至几十倍的点击费用以及采取多收费少转账的做法随意截留客户预付金,以获取数十万元的非法收入等,从而给竞价排名造成恶劣影响。

至于百度和代理商巨网之间的纠缠和恩怨,公说公有理,婆说婆有理,所谓“清官难断家务事”,外人很难审断其中的是非曲直。然而,在百度上市前,在渠道影响力不够和渠道渗透率还不够的情况下,对于林林总总的代理商,进行整顿、洗涤、控制和整合,确实是一项艰巨而紧迫的任务。因此,对于巨网风波,李彦宏采取铁腕手段,以坚定果敢的意志来处理和解决,一来可以加强对巨网公司业务的控制,二来又可以对其他渠道代理商起到良好的警示作用,达到“杀鸡儆猴”的效果。

在《搜索百度李彦宏 搜索百度幕后》中这样叙述道:“2004年7月21日,之前闹得不可开交的双方达成了谅解协议,巨网从自己的网页上撤下了攻击百度的话语。百度可能给予了巨网一定数量的补偿,但双方也从此彻底说‘拜拜’了。”对此,业界认为这是李彦宏“小题大做”,但正是这样的小题大做,让许多代理商在一些不规范的做法上谨慎了许多。

2005年2月,百度成功收购了上海企浪(前文已经叙述),又在整合渠道的道路上向前跨了一步，从而为抗击 Google 增强百度自身的渠道力量和渠道控制能力建立坚实的基础，为百度的华东划定势力范围创造了条件。可是在华南这边，李彦宏还没有形成强有力的渠道控制，因而紧随着在收编上海企浪之后，百度将目标锁定在深圳移动时代。当时，移动时代占据着百度25%左右的销售额，在百度代理商中有着举足轻重的地位。因此，如果能成功将它收归囊中，百度基本上可以划定了在华南的战略格局，同时增加即将在纳斯达克上市的筹码。这次谈判的结果是深圳移动时代谢绝了百度的收购，可是这事却反映了李彦宏打算与 Google 在中国背水一战的决定和意志。因为据说百度当时曾开出了数千万现金加股票交换的条件（事后有人估计，如果当时移动时代答应这笔交易，按百度上市后的价格计算，这笔交易将达到数亿元人民币），可见当时准备上市的李彦宏的良苦用心。

其实，李彦宏对市场的渗透和对渠道的控制一直没有间断。在这种控制力不断加强的过程中，形成了百度“直销加代理”的销售模式，而且对于客户最多、影响最大的核心区域如京、沪、广、深，百度的态度十分坚决：这些地方一定要实现直销。

在核心地区实现直销对百度来说非常划算：这些地区经济发达，是百度竞价排名业务开展得较早的地区之一，代理商经过几年的开拓，已经为百度累积了一大批客户，而这些客户续费的维系成本很低。对于百度来说，既能保证稳定的现金流，又不用自己去养销售团队，对百度来说可谓一举两得；但对之前为百度开疆拓土的代理们来说，这就等于断了他们的财源，因此双方就此进行了漫长的谈判。

可以说这注定是一场一边倒的谈判。如果说在早期需要借助代理商力量的百度还可以将代理商当做平等的合作伙伴，在百度上市后，双方的力量对比必然发生根本性的变化。2005 年 8 月，百度在广州成立分公司并与原总代理广州新一代信息科技有限公司达成一致，在向新一代支付了一笔现金补偿费用后，原新一代签下的客户转由百度直接服务。与年初对上海企浪的全盘收购不同，百度这次并没有全盘接收代理商的员工，而是通过市场的方式，给了原代理商和员工以选择的机会，除了需要开展新业务的一部分人马外，对于原代理商从事百度业务的相关人员，也可以在百度轻易获得相应的职位。

之后在百度整合北京、深圳等地的代理商时，也采用了类似的方式。2006 年 7 月 25 日、8 月 2 日，百度分别与北京地区的两家核心代理商北京真龙广告和精合信达达成协议，收回了这两家代理商的代理资格，为此百度还向两家代理商支付了不菲的补偿金。对于有了资本市场作支持的百度来说，这样能用钱解决的问题并不是问题。百度最大的问题是，虽然收购了这两大代理的业务，但并没有收购其下面许多二级代理，在之后的两三年时间里，百度一直维持着这样的关系，这是后话。

2007 年 10 月，百度收回了华南地区最大的代理深圳时代赢客(原移动时代)的代理权。百度与时代赢客的谈判最为持久，从 2005 年起，百度就与之进行了持续的沟通，而百度 2006 年成立东莞分公司，也被认为是百度要收回时代赢客代理权的一个信号。事实上，进入 2007 年之后，百度收回代理权已经不可避免，时代赢客也将自己的业务重心调整到了 Google Adwords 上。随着最后一个堡垒的被攻破，百度建立了区域直销中心＋代理的营销方式，李彦宏也将核心区域的渠道牢牢地抓在了自己的手里。

本章启示

以市场为导向和加强把控

市场是瞬息万变的，团队的运营要以市场为导向，以客户为目标。一个富有生命力的团队一定是经受住市场考验的团队，用户的需求在考验着团队的管理和运营。而团队只有紧盯市场和关照用户、深入体验中推出符合需求的产品和服务,才日益显出强大的竞争力。如果背离了市场,团队再大的努力最终没有获得市场认可而没有转化成为利润,那企业的生存都有问题,何谈效率、执行力以及企业愿景,更谈不上领导者成功的驾驭和宏观把控团队。

同时,只有确保领导者对企业的控制权,才可以在企业的产品和服务以及整个企业的运作上一定程度体现领导者的意志和风格,领导者本身的市场导向和市场理念决定了这种"有机统一"的成熟程度。换句话说,在百度,李彦宏培育一种自由宽松的"简单可依赖"的企业文化氛围与自己对企业控制权的坚定把持是相辅相成和有机统一的,两者并不冲突和矛盾。为了战胜对手,百度必须打造出具有用户黏性的产品。这种产品在性能和质量上是需要具有得天独厚的优势的,所以需要对产品的各项指标都有严格的规定。为此李彦宏对产品的研制过程和流程管理得非常精细和严格,他将最后对产品进行把关。为以市场需求为导向、加强对企业的把控,企业管理者可以从以下几个方面来努力:

第一,对市场的正确认识是坚定信心的保证。

美国著名战略学家、哈佛大学商学院教授迈克尔·E·波特在《竞争优势》一书中指出,不同行业往往拥有不同的竞争优势,而在不同行业中的领先者也会获得不同的投资收益率。因而在进行市场分析时,首先要做的是对所处行业的分析,才能进一步确认自己的竞争优势。

具体到互联网行业,互联网行业也是一个快速发展的行业,但是具体到项目,当中又可以分为如门户、搜索引擎、网游、网络安全等不同的领域,而在不同的阶段,每个领域的发展程度是不相同的。李彦宏之所以一直专注于搜索,一方面与其过去在搜索上的经验和积累有关,更与其对搜索发展规律的认识密不可分。正是因为了解了搜索发展的规律,李彦宏才能抵抗住种种诱惑,用坚定的信心把握住了百度的发展方向。

市场的发展往往有其内在的规律,互联网会有高潮和低潮,某个产业也会有高峰和低谷,关键是产业要能在低谷时坚持住,迎接市场的春天。

第二,密切关注市场需求。

选择了合适的行业,这只是成功的第一步。更重要的是,一个企业应该如何创造与竞争对手有差异的用户价值,用流行的话来说就是"创造蓝海",确立自己在市场竞争中的独特地位,获得高于市场平均水平的利润。为此,企业应密切关注市场需求,以市场为导向,进行产品和服务的更新换代。

第三,坚定地加强宏观把控,使得企业体现创业者意志。

李彦宏是一个意志坚定、内心力量强大的企业家。在百度发展史上,他曾经做过很多"加强把控"的事情,比较著名的有"控制董事会"、把控渠道和坚定的决策权如凤巢的全面切换,等等。同时,他非常注重创新,注重人才的创造力,所以"给予最自由的空间"。他注重创新的同时也很强调要以市场为导向,要看用户的意见。据说,他自己建立一个贴吧,在贴吧上他可以看到用户对百度产品的最原始的意见,从而为以后的产品战略提供参考和依据。2006 年,在博文中回复天极网风波的时候,他有过诸如此类的表述,百度好不好,是客户说了算,是市场说了算,而不是别的。可见,在控制力和市场导向这一块,也值得借鉴。

第六章

完美主义——对用户体验的持续改善

自从创业以来，百度的发展可以用一个“飞”字来形容。如《当代经理人》杂志2006年第一期刊登的文章《“飞人”李彦宏剑影惊鸿》，就回顾了百度创业6年飞速发展的辉煌历程；而在诸多场合李彦宏也经常说起“给飞驰的汽车换轮胎”之类的话，一个“飞”字，却最能描述他的心态，对完美和极致的执著追求。

“用户体验”一直是百度产品设计的核心理念。曾经在多个公开场合李彦宏都谈到用户体验。虽然说在竞价排名运营过程中的一些疏漏，导致了在搜索的时候百度页面左边渗入了部分广告内容，曾经一度影响了用户体验，但是作为一个企业的领导者和决策者，李彦宏一直把产品的用户体验和技术进步放在重要的战略地位。从对技术人才的招聘、对融资资金的分配预算，从对百度产品的升级更新以及对研发力量的重视等来看，李彦宏确实在为用户体验做了执著的努力，以推动它向一个更高的层次和完美的境界发展。

据称，李彦宏工作痴迷起来会几乎一天24个小时泡在互联网上面，他这样投入是因为他一直在琢磨着用户体验，一直在思考着提升的可能性。李彦宏本人在百度贴吧里建立了一个吧叫“李彦宏吧”，这个吧是李彦宏和网民亲密接触的窗口。据说他经常在这里认真研究琢磨网民给他的留言，包括对百度产品、运作模式等的意见和态度等，然后他通过在吧里留言等方式给出网民需要的答案，“李彦宏吧”还有很多用途，比如收集人才信息等。当然，李彦宏研究网民意见还有许多别的渠道。2009 年 3 月 26 日，百度新版贴吧上线测试，强调个性化操作。可是就在新版百度贴吧发布不到半天的时间内，贴吧内万余名用户联名发帖，要求百度贴吧恢复原状，称对新版贴吧不买账。第二天，李彦宏就在自己的百度空间中，写了一则新博文说对此极度关切，并告诉用户“我不会坐视不管，将认真对待，坚决改正”。于是，3 月 27 日下午 16 点左右，百度贴吧将版面调整回旧版，此后大量用户发帖称赞李彦宏注重用户体验，将用户的建议真正落到实处。

正是因为关注用户体验，才会有百度许多在旁人眼里近乎严厉的改进，最典型的如百度首页的代码优化。百度经过内部讨论，将原来的 4K 大小的首页缩小到了 3K，而当中优化下来的 1K 对于用户网速来说几乎不可能察觉到，但是百度认为，每天都有数以亿计的用户访问百度，即便是 1K 的优化，乘以一个巨大的用户数量后也是一个天文数字；才会有对中国用户习惯的研究，例如在新窗口中打开搜索结果的做法就是百度首创；才会有将搜索页面上“设百度为首页”改为“把百度设为首页”的细微调整；才会有“百度更懂中文”的提法；才会有“贴吧”等一系列用户喜爱的产品的诞生；才会有“框计算”的概念和“阿拉丁”的研发和切换……

“客户就是上帝”，在很多企业文化的运营理念里，都把客户作为企业运行的导向。而在搜索引擎企业里，客户与用户息息相关，即要赢得客户，首先要赢得用户，有用户采用流量，有流量才会有客户。因此，用户体验的好坏成为百度生存与发展的基础，因而李彦宏将之放在百度不可替代的战略地位。多年来，百度业务不断向纵深方向发展，在横向上，开拓国际市场，进军日本；在纵向上，进军电子商务，进军新媒体，构造搜索＋社区＋电子商务的业务结构；在终端上，将搜索从桌面电脑互联网逐渐向“掌上百度”等移动互联网延伸——据说李彦宏这一步当然非常谨慎持重的。以上这些举动可以看成李彦宏“飞得更高”的一种努力。然而，在本质意义上，符合中国网民用户习惯和提升用户体验，才是百度多年来稳坐头把交椅的莲花宝典，也是李彦宏“飞得更高”的完美主义的真正内涵。

案例 1 · 百度更懂中文

从 2003 年 6 月启动万人公测到 2005 年 8 月在纳斯达克上市，百度展开了一系列针对强大的竞争对手 Google 的市场活动，从一开始的小心翼翼的试探到最后自信地喊出“百度更懂中文”的口号，当中反映出的是百度在这两年来的飞速成长，也和李彦宏对百度的运筹帷幄有关。

2003 年、2004 年，百度推出了贴吧、新闻和图片搜索等多项重量级产品，受到了用户的好评，但是据调查显示，在品牌号召力和影响力等方面，百度与 Google 还存在很大的差距。当时中国搜索引擎市场基本上是百度、Google、3721 三分天下的格局，当中虽然当时 3721 有着非常强悍的渠道，但李彦宏一直把 Google 作为主要竞争对手——因为 Google 拥有非常先进的技术，又在商业模式上、企业定位上与自己非常相似，因而如果能够对百度产生威胁的，就只有 Google 一家——这和李彦宏本来对技术的崇拜也有一定的渊源，虽然这时候 Google 还是他的股东而没有正式进入中国。而在互联网精英网民世界里，“Google(狗狗)一下”成为搜索的代名词。让网民对搜索的描述从“Google(狗狗)一下”变为“百度一下”，则是李彦宏和百度最希望达到的结果。

李彦宏认为，在企业五大核心竞争力当中，百度在中国搜索引擎市场在资金、渠道、流量、人才团队上都已经有了非常明显的优势，只是品牌名气和权威性与对手还有很大的差距。因此，提升品牌已经成为当时百度实现跨越式发展的战略课题，上市是其中的有效实现方式之一；另外一种方式是营销策划。

另一方面，2004年百度就全方位地开始了上市前的准备工作：包括第三次融资、强化对渠道的控制和拓展力度、在流量上加强百度站长联盟和收购Hao123以防落入敌手、组建人才团队等，而在这次人才团队的组建努力中，得到了两个非常关键的人物——王湛生和梁冬。前者为百度的上市和后来的新媒体建设作出了很大的贡献；而后者梁冬则为后来百度家喻户晓的“百度一下”立下了汗马功劳。

2005年1月，梁冬加盟百度任营销副总裁，因此提升百度知名度和市场公关等战略课题的重任就落在他的肩上。在他的主导下，百度成功地举行了一系列营销活动。他先后推出百度胡润“百富人气榜”，主办百度都市状元媒体活动；百度标准指数；将“百度”由名词变为动词——使“百度一下”成为年轻网民的口头禅；还为百度创造了新鲜概念：“百度人民很行”、“全世界百度人民团结起来”之类等；和在百度招股说明书的封面展示了中文“我”的38种写法，百度以此诉求了“百度更懂中文”的核心竞争优势，并将矛头暗指Google，形成差异，树立独特的品牌区隔。但是，真正给用户留下了“百度更懂中文”印象的是随后为了配合百度上市而推出的一系列广告。

这一系列广告的灵感来自于2004年一组移动、联通相互恶搞攻击对方的视频在网络的热播，百度决定做一组不需要投入大量广告费，而让网民自动传播的搞笑短片，经过几次反复，最后确定下来的一系列广告有4个，分别是“刀客篇”、“唐伯虎篇”、“孟姜女篇”、“名捕篇”，尤其以“唐伯虎篇”最为广为人知：

城墙上，有一张断句的悬赏文字告示，一个老外带着一个美女走过来看告示，老外说："我知道。"一副很有学问的模样。就在此时，江南才子唐伯虎也从城墙下经过，他突然走过来说："你未必知道。"随即将悬赏上的文字断句成"我知道，你不知道我知道，你不知道。"老外只是懂得重复那一句"我知道。"这时唐伯虎又不停地说下去："我，知道你不知道，我知道。""你不知道我知道你不知道。"……老外开始显出窘迫的表情，而老外带来的美女也被唐伯虎吸引，向唐伯虎投怀送抱。老外气急吐血。此时大家都说"百度更懂中文"！短片的末尾，屏幕上显示了"有问题，百度一下"等百度产品特色的广告文字。

这是一个介绍百度产品优势的视频广告。经过唐伯虎对同一句话进行不同的句读标点而形成不同的表达效果，让老外听得眩晕而吐血，表达了百度对中文有更深的理解力，以及拥有独到的中文分词技术等。这部片子几乎是结合了所有娱乐的、八卦的因素，与市场现状以及与人们心理现状又极为呼应，并成功满足了一种民族自豪的潜意识心理。

当时，这个电影式的小广告，百度没有花费一分钱到传统媒体上推广，没有发过一篇新闻稿，只是从一些内部员工发电子邮件给朋友和一些小网站挂出链接开始，短短一个月里，就在网络上至少超过 10 万个下载或观赏点。据称，那时几乎所有网络搞笑交流中心、视频中心及不计其数的个人博客和几乎所有 BBS 论坛都出现了这条广告片的观赏下载。截至 2005 年 12 月，已经超过 2000 万的点击率。

以"唐伯虎篇"为主要代表的"百度更懂中文"营销系列的诞生，来自李彦宏对百度广告预算的策略和构想。百度的基本准则是花小钱，办大事，这就需要大量的营销创新，甚至敢用一些之前从未采用过的方法；而在李彦宏看来，广告营销要走的是有效路线，即"如果我们不花钱的话，看有多少人在网上传播我们"。这也是李彦宏当时对梁冬的一种主要考评方式。即在没有更多预算的情况下依然取得良好效果。因此，梁冬发现百度不能走传统广告路线——在电视台的大手笔，这迫使他转换了营销策划思路，即通过网络和楼宇视频投放小电影式的视频短片。对于百度营销，梁冬曾经说过："百度极少把广告投放于传统的媒体上，而是更多用'口碑营销'——一种花钱极少但是却能产生大效果的新传播方法。'口碑营销'的绝妙之处就在于'让每一个受众都成为传播者'，通过受众主动自发地传播，让信息蔓延开去。相比原先在大众媒体上大撒网的传播方式，'口碑营销'几乎每一次传播都是有效的传播……在新的跨媒体时代，品牌的建立是一种如何将文化以娱乐行销的方式注入我们的品牌管理过程。"

随着纳斯达克上市的完成以及百度更懂中文概念日益深入人心，2005 年末百度品牌影响力的日益提升几乎达到可以与 Google 相抗衡的效果。这为正弦在箭上的百度与 Google 在正面战场的短兵相接扫清了障碍。为此，在谈起 Google 的时候，李彦宏更为踌躇满志："即使 Google 是这么一个强大的公司，它在美国也没有占到百分之七八十的市场份额，相反，雅虎在美国跟它还是有一拼的——雅虎是 1998 年进入中国的，经过这么多年的尝试之后，它在中国市场仍然不是第一。事实上自从 2003 年它们购买了 3721 之后，在购买服务器和带宽上花的钱比百度多得多，但是在这期间，百度的市场份额不仅没有掉，反而上升了。"在 2005 年 9 月，李彦宏在接受《经理世界》采访时说了这样一番话，话语中点到竞争对手雅虎，而就在一个月前，雅虎宣布，以 10 亿美元现金和雅虎中国全部资产为代价，换取马云创办的阿里巴巴 40% 的股份和 35% 的投票权，其中雅虎中国资产私下折价 6 亿美元，约合 50 亿元人民币。在对雅虎中国的整合中，马云对中文搜索领域格外用心。为此他孤注一掷，斥资 3000 万元，邀陈凯歌、冯小刚、张纪中三大导演联袂打造了"雅虎搜星"广告片。一时间各类媒体纷纷炒作。据称，"雅虎搜星"总费用几乎过亿。相比起雅虎的投入和达到的效果，李彦宏和他的团队有理由为自己成功的市场推广感到骄傲。

“一个新的跨国公司的巨头，比如像 Google 这样的如果想进入中国，我不能精确地预测它要学习几年时间，但是它们在中国需要面临的问题，不见得是它们理解或者能够想象得到的，没有那么容易！”根据中国用户的特点，开发适合他们需求的产品，并以更有效的市场方式进行推广，是李彦宏“百度更懂中文”的信心来源，也是百度之后能在市场上远远领先 Google 的凭仗。

案例 2 · 框计算和阿拉丁

2008 年 12 月 18 日，百度宣布成立上海研发中心，同时披露了潜心秘密准备已久的“阿拉丁”平台计划。李彦宏以及 CTO 李一男出席仪式，他说，希望能够借助这盏“神灯”，把我们心中的“天方夜谭”，变作可触的现实。

李彦宏觉得，在无边无际信息世界里有一个“天方夜谭”的暗网。他形象地比喻说：“如果把百度搜索引擎比作一个探照灯，在无边无际的信息宇宙中扫射，那么，那些探照灯扫射不到的区域，都是我们定义的所谓‘暗网’。而‘暗网’之所以存在，一方面是很多人类信息并没有网络化；另一方面即使一些信息网络化了，也没有纳入到搜索引擎的检索体系。而目前能被搜索引擎检索到的信息只占所有信息中非常小的一部分，大部分信息存在于‘暗网’之中。”

为了把天方夜谭变成现实，实现李彦宏的理想，百度很早就秘密酝酿了“阿拉丁”解决方案平台。“在阿拉丁平台的支持下，搜索引擎技术可以超越现有网络内容的限制，对包括‘暗网’在内的所有信息进行更深一步的分析、融合、处理，确保为用户提供零成本、无障碍、无时差的精准搜索结果。”李彦宏说，“百度建立‘阿拉丁’平台的意义，就是为‘暗网’信息网络化提供便利条件，同时使这些网络化的信息能最富有效率地被用户通过搜索引擎进行检索。阿拉丁平台是对现有搜索引擎体系的一个补充和延伸。"在简短的发言中，李彦宏重申百度本质上是一个技术型公司，阿拉丁平台项目的上马，就是为了向市场和用户提供最好的检索技术和检索服务。

李彦宏曾经说百度在技术的投入上一刻也不能放松。2003年底推出贴吧，2005年推出百度知道，2006年推出百度国学和百度空间。2008年底，随着百度电子商务有啊的上线以及日本业务已经进入了有序的起步运行阶段，百度进而有足够精力来推动如阿拉丁平台新的技术研发项目。同时，此前爱帮搜索、酷讯搜索、雅虎口碑等已经开始瓜分搜索引擎市场。

尤其严峻的是，Google也推出了生活搜索。2007年底开始，Google就决定进军云计算项目。2008年6月12日，中国的10家社区平台宣布开放，天涯、百变城市(CityIN)、聚友(Myspace)、天际网、豆瓣、我要玩、51.com、校内网、一起、海内加入Google开放阵营。6月中旬，Google在中国北京举办的"开发者大会"上申述了自己的主张："快来拿吧，这些工具都是免费供应的，Google的计算能力都是可以免费借用的，Google后台服务器的空间是可以免费提供的。"Google已经免费提供45000个工具，在全球范围内已经开始免费让人们使用这些工具，之后已经有10万个小工具被添加到那些先行一步的用户的页面中。

李彦宏说百度早在两三年前就已经秘密启动了阿拉丁平台项目，当时投入1000多人的研发团队，由此如果从时间上来推测，阿拉丁神灯的启动应该在百度上市之后。百度上市后，就开始在国内正面和Google短兵相接。作为观察过硅谷商战和在中国21世纪初期互联网搜索引擎市场的真刀真枪战争，李彦宏一定对"竞争力"深有体会：市场和技术，技术要素的基础性作用不可或缺。2002年的"闪电计划"第一次为百度对抗Google提升了自身技术。在2005年进行的"百度更懂中文"一系列营销活动和上市之后，紧随着2006年推出的百度空间和百度知道之后，百度客观上需要技术后台为前台的产品创新进行技术升级和改进，为前台产品提供技术支撑。只有在技术上牢牢确立自己的绝对优势，才能成为百度所向披靡和固若金汤的基础。因此，李彦宏的关于几年前就已经秘密酝酿阿拉丁平台计划的说法还是经得起推敲的。

《中国计算机报》记者马文方在一篇文章中这样叙述道："11 年前，有一个成年人读完书中《阿里巴巴和四十大盗》这篇故事后，在电子商务的登录页键入密码：芝麻，开门。于是电子商务藏宝洞的大门为他而开。不说大家也知道，这个人就是马云。10 年前，又有一个成年人迷上了书中《阿拉丁神灯》这篇故事。故事主人公阿拉丁只要把一盏看似破旧的油灯擦上三下，就会跳出一个巨大的、有求必应的灯神，于是，阿拉丁张口要什么，灯神就给什么。"文章没有直接点名这个成年人就是李彦宏，可是却让读者一看就明白李彦宏关于阿拉丁平台计划出台的背景和起源。

2009 年 4 月 22 日下午，百度"阿拉丁平台"测试版低调上线开放注册。上线测试的阿拉丁平台页面显示，这其实是一个基于百度网页搜索的开放的数据分享合作平台，主要面向广大站长和开发者，可将结构化的数据直接整合到百度搜索引擎中，加强和深入用户和资源的沟通，从而提升用户搜索体验，同时为提升这些网站流量的商业价值。同时，对于这些数据，百度在整合过程中进行过滤和审核，以保持平台内容的健康。

李一男说："阿拉丁是一个开放的搜索引擎平台，它是百度的，更是面向所有人的。我们希望未来的搜索引擎，能像阿拉丁神灯那样，在瞬间满足用户所有的搜索需求。"阿拉丁平台的推出对于百度有两个直接作用：一是极大丰富了百度的数据库，包括抓取"暗网"信息；二是将整合后的庞大数据库，满足用户的一站式搜索需求。

2008 年 10 月，李一男正式加盟百度，接替刘建国的位置任百度的首席技术官。李一男的到来正值百度阿拉丁项目进入实质性的研发运作阶段，作为首席技术官当然要主导百度技术团队进行研发。据称，截至 2009 年 7 月份，已经有数万条资源被站长提交，百度的阿拉丁平台正在平稳中运行。

2009 年 8 月 18 日，百度第四届世界大会在北京召开，李彦宏在会上推出新的计算平台“框计算”。“框计算”就是为用户提供基于互联网的一站式服务，是一种互联网需求交互模式。

“框”其实就是对用户需求以及解决方案的概括和集成，用户只要在框中输入需求内容，系统就能明确识别并将该需求分配给最优的应用或者内容资源提供商处理，最终返回给用户相匹配的结果。框计算以用户为中心，以满足用户需求为目的。在框计算里面，李彦宏期望这个“无所不在”的框经过百度的努力就变成“无所不能”的框。在当天接受《新浪科技》专访的时候，李彦宏说道：

“其实这个‘框计算’的理念是逐步形成的，并不是我们说想推一个概念而把它做成一个概念，而是说百度这么多年的技术积累，慢慢我们对市场的理解越来越清晰，对于用户的理解越来越清晰，技术积累到一定地步的时候，我们再总结一下我们的思路跟现有的计算机世界的思路是不一样的。这个思路到底是什么呢？我们又总结了三步：输入进来、需求的识别、通过各种各样的应用对它进行响应。我们感觉这是一个新的东西，所以要想把这个新的东西呈现给外界的话，我们要给它起一个名字，由于是所有的需求都通过一个框来进行输入的，所以我们叫它‘框计算’。”

会场异常火爆。李彦宏魅力四射。会议大厅仅能容纳 2000 人，但实际却来了 3000 多人。很多学生宏粉都是冲着李彦宏而去的。在提出这个“框计算”概念之前，李彦宏先做了很多演示。李彦宏对诸多带有搜索框的网站进行演示，其中包括雅虎财经、亚马逊、Twitter 等，李彦宏表示，上面的网站中有搜索框，有财经的，有购物的，有找地址的，有要发表文章的，各种各样的框。李彦宏说，如今互联网用户的检索都是在各种网页里通过一个搜索框提交的，而这些形形色色的框：计算框、词典框、对话框、搜索框，都只在特定语境下才有意义。

当天，《IT时代周刊》总编曹健在会上表示，李彦宏提出的“框计算”理念强调从前台给用户带来更好的体验，非常符合百度的一贯的思路。因为，百度本身就是一个为用户提供互联网搜索服务的提供商。而别的公司则更多的是从操作系统、从CPU角度来提出的这种优化组合，而“框计算”则更多从用户的角度来考虑优化组合的问题。“百度的理念是最符合中国网民的搜索习惯的，这也是百度能占据国内第一市场份额的秘诀之一。”李彦宏在当天接受《新浪科技》采访时如此表示，“我们的理念里，响应结果才是最重要的。而在后台，我们有着复杂的技术架构工作和平台支撑。”

“框计算”显然就是百度与互联网世界之间的通道。用户的任何需要，都由百度这个“框”一手操办，要么是把百度自有的服务推给用户，要么是把商业合作伙伴推给用户。这种“包办”的理想体现了李彦宏对于极致和完美的追求。

截至目前，基于“框计算”理念的百度开放平台已经与400多家合作伙伴携手，共同推出了超过600多项应用，平均每天就有近2个应用上线。这些应用覆盖信息搜索、日常出行、生活娱乐、商务求职、电子商务、投资理财等诸多领域。“框计算”理念下包含了阿拉丁平台、新一代百度地图搜索引擎、百度百科、掌上百度、凤巢等在内的五大产品和技术应用。“‘阿拉丁’是‘框计算’技术理念的第一次大规模应用，将推动搜索引擎体验的革命。”李一男在会上如此表示。据不久前沈浩瑜对媒体透露，目前已经在阿拉丁平台项目上投资了10个亿人民币。至于阿拉丁项目的进展情况，其主要负责人李一男却在2010年1月从百度辞职，由此给人产生了对项目运行暗淡的若干联想。但是，无论如何，在框计算和阿拉丁平台上，注入了李彦宏许多的精力，他对技术的执著追求和对完美境界的渴望可见一斑。

案例3·贴吧的诞生

2003年12月1日，百度贴吧上线。2004年5、6月份，百度推出新闻和地图频道；2005年推出百度知道；2006年推出百度百科和百度空间。

2002年，在世界搜索引擎市场上，是Google战胜雅虎的一年。是年3月，Google推出了Google新闻的测试版。4月，Google启动了名为“Google Answers”的新服务。Google Answers就是专家付费搜索；9月到10月，Google在全球推出了关键词广告。2003年2月，Google接管了Blogger拥有的Pyra实验室，2003年5月，Google推出Adsense。Adsense是Adwords服务的延伸。2003年12月，Google启动了测试版的Google deskbar，这是一个运行在Microsoft Windows系统任务栏上的搜索工具，可以单独使用搜索股票价格等。2003年，Google疯狂扩张，咄咄逼人。

当时，虽然百度在中文搜索领域主要和3721作战，但是其目标还是瞄准Google。虽然2002年的一段时间Google访问不正常，但是其全球的快速扩张势头已经在对中文搜索领域形成了潜在的威胁。虽然当时它在中国并没有把百度放在眼里，可是李彦宏却把它放在心里。2002年的闪电计划之后，尽管李彦宏在年底曾经说百度已经和它一样好用，但是明智的他知道搜索引擎的核心竞争力在哪里，因此，切实进行产品创新，走差异化的市场细分之路，从满足消费者要求和提升用户体验的角度来构建百度的绝对优势，从而形成对竞争对手高屋建瓴的战略攻势。因此，2003年，伴随着百度渠道建设的猛烈铺开以及一系列市场营销活动的推进，如何进行技术创新构建差异化优势和绝对优势已经成为百度日益严峻的课题。

赫赫有名的俞军是一个对搜索痴迷成癖的技术人才。在2001加入百度之后，经常对如何提升产品质量和用户体验进行琢磨。在分析了搜索用户提交到后台的搜索请求之后，除了数据库能够提供的结果之外，用户还有其他别的请求，而如果很多人都有这样的请求，那么建立一个渠道为这类人提供沟通的方便，那不就是形成社区或论坛的可能吗？也恰好在那一段日子，李彦宏也有另外的想法，他考虑的是闪电计划所带来成果足以在以后与对手的对抗中能够长治久安的问题，也发现了当时百度两亿中文网页数据库所能解答的问题还非常有限，也就是闪电计划只能在速度等方面提升百度的技术含量，但还面临一系列问题没有解决。于是，他探索着思考有什么办法让用户制造内容，从而满足搜索的要求。

当李彦宏琢磨了这个想法很久以后，他招来刘建国、俞军、郭丹等技术人员一起讨论。他说，"有没有可能建立一个平台，为每个被搜索的关键词自动生成一个社区，将搜索同一个关键词的人聚集到一起，共享与他们有关的话题和信息。"这想法与俞军最初的想法不谋而合，他问道："做社区？"于是李彦宏和技术团队展开了关于贴吧的热烈讨论。《一百度》这样描述道：

"李彦宏两眼发光，语速加快地回答：'是搜索＋社区。从技术上为每一个用户输入搜索框的关键词自动生成一个社区。让搜索同一关键词的人们自然而然地聚集到一个社区里，如果网上找不到现成的他所需要的信息，用户可以把他自己的需求留下来，同时主动发帖分享自己知道的关于这个关键词的信息，后来的请求就能得到满足了。"

刘建国听了非常兴奋，觉得这想法和任何现有的社区有着完全不一样的模式，而李彦宏觉得它的好处在于可以极大地提升搜索引擎的转换成本和流量。经过大家的反复研讨，李彦宏觉得这个设想开始具有很大的可行性，因为它将建立在牢固的用户基础之上，同时又丰富了网页搜索的内容，增加了流量，人们对信息需求的无限性为一个基于搜索的社区提供了存在的可能性。这样，就开始立项了。随后的几个月，贴吧研发团队就进入了实质性的研发阶段。到了 2003 年 12 月 1 日，贴吧就开始问世了。

对于贴吧的诞生，目前有不同的版本。《李彦宏的百度世界》这样叙述道："时任百度产品总监的俞军是百度贴吧的创始人。他当时的想法是：结合搜索引擎建立一个在线交流平台，让那些对同一个话题感兴趣的人们聚集在一起，方便地展开交流和相互帮助……2003年12月3日，百度贴吧上线了。"而《一百度》却叙述说，贴吧这一想法起源于李彦宏，是他先把这个想法提出了随后和下属讨论。经过推断，可以知道：贴吧的想法起源于李彦宏是可信的。同样，《搜索百度的幕后》一书中这样叙述道："贴吧的推出，源于李彦宏较长一段时间以来的思索。"俞军是贴吧之父的说法是因为他在贴吧的研发过程中，发挥着非常关键的和中枢的作用，或者可以这样说，没有俞军就没有贴吧。据称，在贴吧问世的同时上线的还有高级搜索、时间搜索、地区搜索等。而这些本来是要等到稍后一段时间再上线和公布的，因为技术规划走漏了风声，不得不提前上线，否则就有可能被竞争对手抢先。"这次升级功能对百度来说应当是好事情，但对于同行来讲，将是致命打击。"百度技术副总裁刘建国如是说。

贴吧是通过用户输入的关键词自由生成讨论区，使用户能立即参与沟通交流，自由发布自己感兴趣话题的信息和想法。每一个网民都可以自由地在这里输入任何关键词，自由参与任何主题的讨论或信息交换，而所有这些都是即时发生的。在传统的社区中，BBS具有圈子特征，参与人数有限；博客具有持久性和系统性，跟帖者也不会很多。可贴吧却突破这些限制和超越这些圈子，将视野投放到整个中文网民，只要有同类兴趣的人都有可能参与其中而且操作过程简单，以关键词为聚合，即不需要注册，不需要身份认证。因而"自由、广泛、即时"等成为贴吧的特征。

在2004、2005年那几年时间里，百度贴吧以燃油之势迅速烧遍中文网络市场。在有很多明星名人的"吧"里，吧友为所爱明星而畅所欲言；同时大腕明星们也通过这个平台贴吧与粉丝亲密接触，很多博客的作者也直接通过百度贴吧发表他们的日志。而李彦宏本人"李彦宏吧"里，就聚集了他的校友、红粉、还有百度的员工等。2005年，百度贴吧成为超级女声比赛的网上"战场"，超女们的拉票大战在各自的吧里疯狂展开。也有一些铁杆"粉丝"到各个吧里乱窜，为自己支持的超女拉票。到决赛时，仅"超级女声"一个吧就有600万条帖子。这一年，仅仅超级女声大赛就大力助推了百度贴吧的流量，也提升了百度的知名度。

其实，那几年中国娱乐行业发展是推动贴吧发展的一个外部动力，而百度贴吧运作团队的改善经营才是根本原因。贴吧的红火与李明远有关。2004年8月，百度产品总监俞军在参加中国社会科学院举办的一个中国互联网社区发展论坛的时候，找到了一个得意门生——李明远。这个人后来成为百度贴吧事业部的运营主管。李明远是北京广播学院(现中国传媒大学)的学生。从2001年开始，李明远业余时间一直泡在北大的"一塌糊涂"BBS论坛里，李明远从版主、区长，一直做到"一塌糊涂"BBS论坛的站长。此间李明远发现，适应人群归属感的圈子开放性对一个论坛的发展起到至关重要的作用。

在那次见面后的一个星期，俞军邀请李明远到百度办公室面谈。当时，李明远正在东四环SOHO现代城的一家电视公司全职实习，但这次面谈之后他决定转到百度实习。在百度实习期间，李明远觉得公司不是将自己当做一般意义上的"实习生"，不仅薪酬与正式员工一样，提的合理意见照样被采纳。这使得本来对于前途的选择还在摇摆当中，原本计划毕业后考法律硕士的他，决定留在百度上班。三个月的实习之后，李明远被提拔为百度贴吧的首任产品经理，负责管理贴吧日常的运营。

当时贴吧已经推出快一年了，但还是处于发展的原始形态，像一个留言板那样，凌乱单一，没有规范，也没有后台系统，没有目录。贴吧的日常维护和管理显得非常重要。如果管理不好，流量很难提升。以满足用户需求为核心，改进贴吧需要一套系统的管理机制。对于贴吧页面前端，俞军改进目录，让目录清晰简洁，一目了然，从而体现条目的冷热程度。同时，李明远建立了动态的目录体系，增强其灵活性和自主性。贴吧目录的这种特性一直持续到现在，成为一种机制。同时，对于后台，在李明远的加入后，也建立了一套完好的支撑系统，对庞杂的内容进行管理。

《环球企业家》杂志在一个百度人物专题中，提到俞军与李明远的首次见面，评价道："俞军之所以看中李明远，是因为李明远并不像其他人那样把自己当做社区的管理者，强调怎么规范社区，而是把自己当做社区的服务者，重点放在如何营造社区氛围。据此，俞军判断，李明远懂社区。"

事实证明，俞军当初的判断极为正确。李明远来百度之时，贴吧连百度流量的1%都不到，经过半年努力，贴吧的流量从500万扩大成3000万，占到百度流量的11%。

本章启示

以完美之名

从某种意义上来讲，世界上并不存在完美的东西，许多科学上的重要理论，往往也会有着某些假设和前提条件，只有在这些假设和前提都符合的情况下才能完全成立，因此人们往往会将完美主义当成追求虚无缥缈、难以实现的目标的另一个代名词。虽然"完美"如同一个乌托邦式的假想，但对完美的追求却是促进古往今来许多人的源源动力。俗话说得好：人往高处走，水往低处流。正因为不满足于现状，在现有的基础上做进一步改变，才推动了社会的进一步发展，将我们的文明推送向前。

作为一个企业的领导者和决策者，李彦宏一直把产品的用户体验和技术进步放在重要的战略地位。从对技术人才的招聘、对融资资金的分配预算，从对百度产品的升级更新以及对研发力量的重视等来看，李彦宏确实在为用户体验作了执著的努力，以追求它向一个更高的层次和完美的境界发展。李彦宏和百度基于用户体验的追求完美的方法不一定适合于每个企业，但是其不断改善的思想却值得我们学习。

第一，注重用户体验，切实提升产品质量。

“有人担心如果百度变得一家独大，会不会以后没有竞争了，会不会以后百度技术进步变慢了，会不会百度用户体验越来越不好。对于这样的担心，我的回答是：一定不会！”百度CEO李彦宏在近日举行的2010中国(深圳)IT领袖峰会上曾经这样说过。他不止一次地谈过用户体验，因为在他看来，百度的产品是做搜索引擎终端，而用户搜索网页目前是免费的，在这样的情况下，只有谁的产品好用，让用户体验得更好，谁的具有黏性，谁的流量就最大。所以，多年来百度一直努力提升产品质量，力求满足用户的需求。2009年8月在百度第四届世界大会上李彦宏提出了以“简单可依赖”为特色的“框计算”理念，其实这讲的是用户体验。品牌代表了品质、质量和实力。在与众多对手竞争的市场里，品牌已经成为营销最好的途径。在渠道平等的条件下，谁的品牌好，谁就获得更多青睐。塑造品牌，打造产品特色是基本方式之一。

为了用户体验和提升产品质量，李彦宏本人付出了很多的心血。“互联网市场变化非常快，用户的习惯、喜好变化都非常快。为什么百度很多东西更受欢迎？不是因为我们第一个做，是因为我自己就在用这些东西，作为一个用户在亲身感受这样的产品应该做成什么样子。我在这上面管得很细，要想管得细必须得自己用，你得懂才能管，而这个东西是要花时间的，是要在网上才能泡出来的。从做搜索的方式和方法来讲，我们把流量放在第一位，收入是第二位的。流量意味着什么？意味着用户的认可。”2006年10月在接受《互联网周刊》记者董晓常采访的时候李彦宏曾经这样说过，这也是他看重用户体验的一种写照。所以，他的这些经验值得借鉴。

第二，培育创新意识，以市场为导向，推陈出新。

企业只有不断探索，不断进行技术创新，开拓新领域，寻找突破口，才会更好地巩固后方基地，因而显示出日益强大的生命力。占领技术制高点是一个技术型企业的发展突破口。然而，这种对技术的追求只有与市场相结合才会爆发出它应有的威力。因为企业的生存是以市场的接受和认可为基础的。所以企业的发展战略是紧紧瞄准市场的发展，以市场作为自己的指南针和风向标。市场的任何风吹草动，都会敲打着团队的运作，要求作出相应的调整和部署。

2009年4月17日，李彦宏在接受新华网的专访时候曾经这样说过：“一方面我们觉得市场还是非常不成熟的，绝大多数中国的企业并没有意识到搜索给他们带来的好处。与此同时，市场的高速成长，也使百度公司处在高速发展的状态下。比如说人数，每年增加很多，几乎是每年乘以2的速度增长。另一方面市场的迅速变化，又要求你不停对这个组织作出调整。”也曾经在多个场合，在谈到Google产品不断丰富创新的时候，李彦宏表示百度强调创新，更加注重务实，必须以市场为基础。可见，企业领导者应该学习这一点。

第四篇
软 剑 硬 鞘

2009年周鸿祎接受采访时为2003年前后为了争夺市场份额和百度杀得天昏地暗而深感懊悔，他表示当年应该把视野放得远一点，以提升技术含量为主业。的确，在硅谷呆过的李彦宏的起点和视野要比许多出身草根的互联网从业者要高出许多，但难得的是，李彦宏在保持广阔视野的同时又能脚踏实地，满足大多数草根用户的需求。

无独有偶，《创业家》杂志的执行主编申音在2010年8月写的一篇《被人为割裂的中国互联网》中也描述了他的两个朋友L和W。L是草根互联网人的代表，W是海归精英的代表。申音如此写道："我所认识的投资人都对W评价很高，但却更爽快给L投钱。因为他们的心里也明镜似的：在中国，做精英的只能赚吆喝，做草根的才能赚到钱。腾讯、百度不就是最好的例子嘛。"

是什么使得精英和草根这两种截然不同的特质在李彦宏身上如此微妙地共存？

百度的企业文化理念可以用"简单可依赖"五个字来描述。在这宽松、自由、平等的企业文化氛围中，沉沉地凝结着一条清晰可见的百度核心精神——那就是"在最自由最开阔的空间里尽可能发挥人才的潜能，这种潜能发挥的结果由一套完备而健全的考核体系来测评，最后接受百度的内部的竞争机制考验，从而确保团队的高效和执行力"。

百度这种自由、宽松的"简单可依赖"企业文化，在李彦宏沉静、执著而坚韧的领导下，一直朝着逐步完善和健全的方向发展，后来终于被总结成百度成长的29条军规，也被称作百度工程师文化和实习生文化的黄金法则。在这29条军规之中，属于强调"平等、公平"理念的有如"不唯上"、"对事不对人"、"问题驱动"和"每个人都要捡起地上的垃圾"；属于"务实、客观"理念的有如："让数据说话"和"用户决定一切"等；属于"求取、奋进"理念的有如"允许试错"和"保持学习心态"等——这些百度企业文化理念的法则是在企业发展潜移默化过程中形成。这种文化注重团队的力量和智慧，提倡沟通和协作——没有等级森严，大家相互尊重，彼此间是一种简单可以依赖的关系，真诚投入的工作，将最大限度发挥自己的潜能才能，为公司作出贡献的同时也提升自我——就在这样的企业氛围中，作为领导人的李彦宏本身也从中受益，在这里他的才智得到了有效的补充，他人的才智也成了李彦宏智慧的源泉，所谓"集思广益"。同时，李彦宏不仅融合了本公司下属的智慧，也横向地打开视野，放眼世界，不遗余力地学习和吸收所有对百度成长有帮助的经验和智慧。

在自由、宽松的同时，李彦宏也给予员工非常大的压力，显然，在29条法则之一就写着："证明自己，用结果说话。"据载，百度文化里还有这样的金条："并不总是这么轻松快活，我的工作内容非常有挑战性，我会绞尽脑汁，连上厕所都低头沉思。"给予员工最大的空间，就是因为技术型的工作，需要灵感和智慧，需要具有充沛的精力和闲适的心情，自由轻松的环境。只要你能够做出东西来，你怎么做都可以。当然，李彦宏也不是省油的灯，在给予员工自由空间的同时，也要看结果，因为公司不是养老院。

李彦宏也是一个善于学习、从他人获取力量的人。在领导百度经营运作——从留学学计算机专业到选择信息检索方向的研究以及后来选择工作而不是继续做学术研究,等等;以及从携资创业到构建竞价排名的商业模式的基础;从闪电计划的技术升级到阿拉丁平台的启动;从贴吧的构思到百度空间的形成;从百度上市到凤巢系统的推出,等等,每一次重大战略决策的酝酿和启动,每一个重大项目的落实,等等,都凝结着李彦宏对搜索引擎企业如何冲锋陷阵获得成功的深刻而独到的商业思维和才智。但是不可否认的是,在他的智慧酝酿过程中,他的老板、老师、上司、爱人、下属等这些幕后英雄如何在背后默默无声地给予支持、鼓励、启发,指导甚至出谋划策,而同时他又是如何在一种虚心、沉静、笃志而执著之中默默地聆听、学习和进而有所阐发,注意融合、吸收和集成他人的才智,含英咀华,触类旁通,最后形成他自己的智慧。不论是在他学业、工作还是创业以及后来的经营管理的过程中,都是如此。难怪,在29条法则中,还有"保持学习心态"、"遇到新事物,先看看别人是怎么干的"、"主动分享"、"你不是孤军",等等。

精英的视角和草根的心态,宽松的环境和严格的考评体系,听取他人的意见,从他人获取帮助和自己做决定,这样的组合形成了李彦宏独特企业管理方式和百度的竞争力。而李彦宏在运作百度的时候,只是无声地沉静地潜心于提升和改进研发团队的技术能力,而对于百度管理的细枝末节,自己不是直接插手其中,而是采取以静制动、以柔制刚的宏观掌控办法。如果说管理企业如同剑术的话,那么李彦宏玩的是软剑,而这把软剑却又有着一把坚硬的剑鞘,这让内外兼修的李彦宏能够"走出自己的洞穴",在中国互联网的"两个不同的世界"中自由地穿梭。

第七章

软剑——宽松的环境、自由的文化

1937 年，斯坦福大学的两个研究生，惠利特和普卡德，在帕拉托市爱迪生大街的一间狭窄车库里，成立了一家后来成为享誉世界的电子仪器公司——惠普。1987 年，这间车库被官方正式评定为加利福尼亚州发展史上里程碑式的建筑物:“硅谷诞生地”。

在 20 世纪 70 年代以“硅”为主题的半导体革命兴起之前，硅谷的正式名字叫做圣克拉拉谷。虽然圣克拉拉谷长期以来一直被誉为美国的水果之乡，但由于这里的气候是典型的地中海式气候，冬季温和多雨，夏季炎热干燥，再加上加州绝大部分水源分布在东北部山区，这里并不适合进行传统的农业生产，直到德国移民亨利·米勒来到加州并通过创新方法修建大规模的灌溉工程和水利工程，才使谷地以及整个加州具有大规模农业的特点。因此可以说，从圣克拉拉谷到硅谷，这种创新精神是一脉相承的。

硅谷从 20 世纪 50 年代崛起到现在只有半个世纪的时间，可它却在人类发展史上占有非常重要的地位。今天，硅谷已经成为了美国信息社会“最完美的案例”和“世界微电子的心脏”，它使美国社会从工业时代过渡到了信息时代，开创了人类社会知识经济时代的先河。知识经济的力量之所以会首先通过硅谷显现出来，除了高科技为主导的现代信息技术对生产力的推动外，更重要的是硅谷发展历程中积累下来的自由、平等、创新等新企业文化的胜利，它标志着一种新经济时期的开始，更是成为伟大的社会变革和企业家精神素来所向披靡的公认标志。

在《硅谷成功秘诀》一书中，作者杰弗里·詹姆斯认为，硅谷独一无二的企业文化是该地众多高科技公司获得成功的主要原因。硅谷那种合作与竞争的不寻常组合连同其他要素共同构成的制度文化环境，正是使硅谷企业迅猛发展的重要因素。与以福特汽车为代表的大工业时代强调的服从、统一和敬畏不同，硅谷的新兴企业代表强调自由、进取和乐趣，他们不会婆婆妈妈地告诉雇员应该做些什么，而只是提供一种环境。这种环境可以鼓励雇员实现自己的愿望，同时又能满足公司的需要。同时他们对待雇员像同僚而不是下属，从而承认雇员的价值。毫无疑问，在更突出智慧与灵感的价值、更强调个人差异化的新经济时代，这种新的企业文化能更好地促进高科技与生产力的融合，让企业在日益激烈的竞争环境中取得成功。

在硅谷工作过的李彦宏也同样将硅谷的基因融入百度中。据说李彦宏在百度成立之时只给百度定了两条规矩，而这两条规矩看上去与企业管理毫不相关。在百度成长的过程中，这种深受硅谷文化影响的自由的企业文化和弹性工作制度也渐渐地显现了雏形：员工不需要考勤，可以自由安排调度上班时间，可以玩游戏，可以在网上聊私事；上班时间可以跑到休息室去睡一觉；可以穿着拖鞋裤衩来上班，可以穿着一双拖鞋出席任何级别的会议等。在百度各级员工之间，没有森严的等级制度，即使级别再高的领导，都用英文来称呼，努力消除职位高低而形成的隔阂与歧视。最近几年，百度多次被评为大学生和员工心目中的“最佳雇主”，既得益于百度为其员工所提供的广阔的工作平台，更得益于其内部宽松的环境、自由的文化和完善的创新鼓励机制等种种“内因”。

对于像百度这样需要创造性人才的公司来说，公司的管理也应该是以人为本的：由于大部分员工都是高智商高能力的群体，这决定了不可能用管理一般员工的方式对他们进行管理，正确的方法是让他们觉得有归属感。对此有人曾经说过：“中国的企业文化不大可能会有 Google 的工程师文化，这归根结底是由人的因素决定的。”这当中指的是中国人骨子里的耍小聪明和钻空子的思维，但是百度的实践，毫无疑问为高素质人才的管理提供了可借鉴的经验。

案例 1 · 工程师文化

什么是工程师文化？

如果我们用百度搜索这五个字，我们会发现，在百度的搜索结果中（包括百度百科、百度知道）并没有对这五个字给出一个明确的定义，尽管，我们可能会说，百度是国内互联网行业中比较有“工程师文化”的一家公司。

对于“工程师文化”，我们可以理解为严谨的作风和追求真理的态度——有人曾这么说，中国制造与德国制造之间的距离，就是“差不多主义”与“工程师文化”之间的距离。前者来源于 90 多年前胡适在《新生活》上一篇名为《差不多先生传》的文章，讽刺了中国人“不肯认真，不肯算账，不肯计较”的态度，而这种态度正是科学研究和高科技发展的大敌。

对于工程师文化，我们也可以理解为工程师至上——在一家技术公司中则往往体现为工程师拥有最好的办公室、最好的薪水，工程师而不是销售人员的意见会受到企业的重视。虽然这对于许多销售导向的公司来说不可思议，但是在像 Google 看来，工程师的出色工作，可以让销售人员变得没价值。

对这五个字，百度有着自己独特的理解。

“我在做世界上最酷的互联网技术。”“处处感受到轻松，由我自己来安排自己的工作时间，我们这里是弹性工作制。”“处处感受到信任，当我想玩游戏、听音乐或上 BBS 时，不必小心翼翼地躲开老板。”“并不总是这么轻松快活，我的工作内容非常有挑战性，我会绞尽脑汁，连上厕所都低头沉思。”“但同时，我也体会到了巨大而实在的成就感，我发现了两点：第一，我可以用自己的技术改变这个世界、改变亿万人的生活；第二，我正在这么做！”……这是百度“七剑客”之一的崔姗姗对百度管理模式的感性提炼，被百度人称为“百度 29 条军规”，这“29 条军规”给出了百度内部对“工程师文化”的视角，形象地展示出了百度的管理个性。

国内网络信息安全的领导者、安天实验室创始人江海客也向笔者讲过这样一个故事。2000 年，他到刚刚成立不久的百度去见一个朋友，当时已近中午，他在楼下打了这个朋友的电话，结果不一会儿朋友从旁边北大资源宾馆那边打着哈欠下来了，不好意思地解释道，昨天加班太晚，所以刚才在旁边宾馆补觉。上到百度，江海客看到的是一群人在玩当时最流行的游戏暗黑破坏神，乍一看仿佛是进了一个网吧。于是他问朋友，你们白天玩游戏，晚上睡觉，那你们什么时候干活啊。朋友回答：“我们也不知道，反正就这么不知不觉地把活给干完了。”

这并不是说明百度的工作轻松——要知道在“闪电计划”中，参与了这一计划的工程师夜以继日地工作，李彦宏亲自带头，吃、住都在公司，李彦宏甚至说出了“今天你们会恨我，但是明天你们会爱上我”这样的话——而是说明，百度的“工程师文化”，其实更是一种在全力以赴的基础上自由支配自己时间、张扬自己个性的生活方式。在百度，一个工程师什么时候做什么任务，什么时候完成，从来都不是他的经理告诉他的。经理通常只是问他，你最近在做什么，什么时候能够完成，他说什么时候完成就是什么时候完成，这都是他自己说的，每个人的工作时间都可以自己安排，上司也不会整天追在后面。

有不少人说百度是一家销售公司更甚于技术公司，这或许是由于百度的销售人员超过了技术人员，在竞价排名销售上的一些做法也引起了颇多争议，又或许是因为百度并没有像Google那样不断推出很多又新又酷的产品来体现自己在技术上的实力……但从骨子里，百度还是一家技术公司，这不仅是因为百度的核心竞争力来自于技术，而且，诸如“百度29条军规”中许多让人羡慕的条件也只对技术人员有效。

“业内顶尖高手尽是身边同事，每个新人有一位导师，言传身教耳濡目染，绝对高水准的专业学习机会！”在百度内部还有一条被称为“无敌红线”的技术工程师职业发展规划，即使是一个刚刚走出校门的大学毕业生，在百度提供的这样良好氛围中言传身教耳濡目染，只要员工能力突出且善于学习，很快就能实现从普通工程师到高级工程师再到技术经理的跨越式发展。今天的百度已经拥有一个2000多名工程师的世界级技术研发团队，其中不乏100多名从斯坦福、哈佛等世界名校毕业的优秀技术人才，相比之下，销售人员则难以享受这样的待遇。

对于一家高科技企业来说，是否有学术自由，是否能容忍有才华员工的“怪癖”，员工的思想是否受到约束，个人才能的发挥空间是否足够大，这对企业的发展非常重要。百度文化中个性、自由、张扬的部分可能是百度成功的秘诀之一，因为百度对工程师的信任和在制度上的宽松，为个人的自由创造提供了必要的环境，如果缺少了这些，或许百度只是一家普通的互联网公司，而非现在的这个样子。

百度的“工程师文化”有着不少与其他强调技术创新的公司类似的地方，例如百度有一种“CC(抄送)文化”，即每一个人都可以把他的观点直接和他的上司或是组员说，也可以把自己的观点发送到所有你认为应该知道的人的信箱里去，有必要的话你可以把对你观点感兴趣的人组织起来开一个讨论会，这些人可能包括公司高层、同部门或是不同部门的人。但是百度也有着一些不同的做法，试举两点。

与传统型企业不同，百度工程师们的工作是灵活性极大的劳动，因此从成立百度起就没有打卡制，也不强制规定上班时间，除前台接待人员和必须坐班的部门外，其他全部实行弹性工时制，前提是保证工作质量，百度对员工和团队的审评主要是将效率作为标准，产品做得快且不出问题就可以得到好的评价。直到后来李彦宏的前老板、后来担任百度首席科学家的威廉·张定下了一个规矩，在考核员工和团队的指标上加了两条：一个是技术价值，即产品做得好不好，架构搭得好不好，质量与扩展性好不好，对公司整体价值的贡献高不高；二是人力资源价值，即自己有没有成长、个人能力有没有发挥，如果没有，个人的人力资源价值就不能上升。这是个很小的改变，但却是很大的转变——一个团队不能只看员工现在做得快慢、效率高低，更得看员工的技术价值高低、人力资源价值高低。这种将工程师的“弹性工作制度”和技术价值、人力资源价值的联系，可谓百度“工程师文化”中的首创。

威廉·张的第二项改革是建立技术委员会。威廉·张认为应该在每个分部门都建立技术委员会，负责审评工程师们的技术价值、人才价值。在这样的架构下，不再是经理给自己的团队打分，而是工程师们自己给自己打分，判断自己有没有成长，自己产品的架构、程序质量达到了什么标准。这就需要技术委员会的委员们学习、了解很多东西，才能作出正确判断。在这种模式下，团队所有成员的成长都会比较快。这种强调成员成长的气氛，同样也是百度“工程师文化”中的核心内容。

在人性化管理方面，百度下了很大工夫。例如百度加强了对员工日常的关怀，在人力资源部的组织下，百度公司内部成立了足球、篮球、羽毛球等数十个锻炼团队，甚至还聘请了一个内部的健康辅导师，为员工提供健康咨询和服务。但百度的“工程师文化”并不只是强调人性化管理和个性化的随心所欲，在百度内部员工自己总结的“29条军规”中，我们也能看到诸如“富有竞争力的薪金，还能拥有公司的股票期权”、“优越的福利待遇、完善的休假制度、免费的体育活动，这些我都拥有”等条款，可见，百度的工程师文化已经成为百度管理的一部分，并与工程师的利益直接挂钩。在百度成立之初，李彦宏就引入了硅谷盛行的期权激励计划，为了给当时的员工打气，李彦宏甚至命令“要让前台员工都持有公司股票”，而在百度上市后，据说连前台员工都成了百万富翁，而为百度作出了更大贡献的工程师们，自然也获得了更丰厚的收益。

“我们在百度工作，其实更是一种生活方式，来这里你可以感受到我们的文化，一种浓郁的工程师文化。”一名百度的工程师如是说。当企业文化和生活方式密不可分，员工也会对企业产生“家”一般的归属感，这或许才是百度“工程师文化”中最重要的内容。

案例2·背后的支持

在古希腊神话里，英雄安泰是大地母亲的儿子。只要身体不离开大地，他就拥有无穷的力量，就能够所向无敌。对于李彦宏来说，他的家人和良师益友就好比他的“大地母亲”，让李彦宏得以不断从他们身上吸取力量，壮大自己。

李彦宏是一个异常敏锐又争强好胜的人。他善于观察和思考，周围的人和事的丝毫变化都会勾起他敏感的神经。在他成功道路上，第一个对他产生重要影响的人就是他的三姐。从阳泉一中到北大，再从北大到美国，他都在追随他三姐走过的路径。李彦宏也说过：“初中考高中，我一定要考上省重点阳泉一中，否则考大学就没太大希望；高考，我一定上北大；进了北大，我一心想出国。”可见，从高中到上北大，从北大到留学美国，李彦宏这几步道路的动因和影响者都是他的三姐，尤其是三姐到美国读书后，从美国那边给他传递了新鲜的信息，鼓励他毕业后也到美国留学。“我也要去美国读博士！”争强好胜的李彦宏又一次在心里和三姐暗暗较劲。榜样又一次激发了李彦宏的潜能。

1991年圣诞节，23岁的李彦宏到美国布法罗纽约州立大学计算机系留学。第一个学期总会有些不适应，加上之前在北大他学的是图书情报专业，虽然还选修了一门计算机课，但是相比于美国计算机系的学生水平，李彦宏觉得还有很大差距。他的导师始终在关怀着他，在选择研究方向的时候，导师建议他来学习、研究和跟踪当时信息检索方面最先进的技术，以便将来可能会在这一领域有一些建树，因为李彦宏有着北大图书信息检索的基础。由于听导师的话，李彦宏美国留学期间，一直将精力用来研究和学习、跟踪最先进的信息检索技术(其实就是搜索引擎技术)，这为他后来在搜索引擎技术方面的深厚造诣和突破奠定了关键的基础。

后来在接受媒体采访的时候，李彦宏把自己比作郭靖，他能获得重大的成就，是因为得到高人指点，而水牛城大学的读研导师，则是他的第一位高人。在这里，李彦宏如何从高人那里吸收智慧的呢？那是首先在方法论上吸收了导师的对事物分析方法——选择具有优势和一定基础的研究方向才有获得成功的可能，或者说这种方法论就是实践论，强调条件、基础、现实的可能性。这是李彦宏在人生道路上一次较成功地吸收他人智慧的经历。

1993年5月，李彦宏进入位于普林斯顿的松下信息技术研究所实习。实习期间，李彦宏提出一种提高识别效率的算法，这一成果让他获得松下研究所破例给予兼职的资格，后来由于得到一位OCR学术领域一位“泰山北斗”的赏识而被顺利发表在国际权威学术期刊《模式识别与机器智能》上。松下研究所的实习经历，改变了李彦宏的人生观。虽然当时他回到学校苦熬一阵就可以轻松地通过博士入学考试，又加上他的那篇具有国际水平的论文，导师认定他拿到博士学位已经只是时间问题，但这时李彦宏已经产生了放弃学术之路而闯荡工业界的想法。他的导师又给李彦宏很大的支持，他说，“如果你感兴趣的是工业界的事，你也没有必要读博士学位了。”虽然很多教授都希望得意门生加入自己的圈子和流派而提升威望。

1994年暑假之前，李彦宏几乎同时接到两家公司的聘用通知书。一家公司是华尔街的道琼斯下属的一个子公司，另一家公司在硅谷。经过良久考虑，李彦宏最终选择前者。华尔街的这家公司老板是对李彦宏产生重要影响的第三个人，他是耶鲁大学的博士，人很聪明，当年曾进了美国西屋奖的决赛圈。他尊重知识，又很关注实际的成果应用，在贝尔实验室做了很多年的研究后，自己创业办了一家公司。他与李彦宏一见面就感觉到高山流水志趣相投，大有相见恨晚之意。于是李彦宏决定弃学就业，投身工业，进入了道琼斯属下的这家IDD公司当“高级顾问”，李彦宏也正是在这家公司服务期间发明了超链分析技术。在这家公司，老板让李彦宏感受到了技术的力量和功用，可以成为提升企业竞争力的一项重要指标之一。这么多年来，李彦宏在管理百度过程中，始终都非常重视技术的作用——这种智慧在很大程度上与他的这个老板有关。

Infoseek公司的前技术总监、后来成为百度首席科学家的威廉·张则是影响李彦宏的又一个人。1996年，身在IDD的李彦宏到硅谷去参加一次计算机学术会议，会上他亲自去证明和讲解超链分析的应用与前景，也就是在这个会议上，遇到了Infoseek公司那时的技术总监威廉·张。威廉·张对李彦宏非常赏识，并表达了希望李彦宏加盟Infoseek的愿望。据说，那时候的微软也曾向李彦宏伸来橄榄枝。1997年夏天，当李彦宏觉得时机成熟，并在充分的考虑下，最终选择了Infoseek。后来在谈到自己的成长历程的时候，李彦宏说他还记得第一天去Infoseek的情景，威廉·张站在Infoseek大楼的门前迎接他。这是对李彦宏成功产生重要影响的第四个人，也是被记者描述成李彦宏身后的第三个高人。

在招入李彦宏之后，威廉·张对他精心栽培，悉心调教。他欣赏李彦宏的技术背景和技术功底，能够找到李彦宏这样的人才可谓是如鱼得水。所以，威廉·张诚恳地向李彦宏传授他的武功秘籍。虽然李彦宏当时发明了超链分析技术，但是工业界的搜索引擎如何操作——即如何动手实践的问题对他来说还是陌生的。因此，他来到后的头两个星期没干活，威廉·张把他关在办公室里在为他一一讲解搜索引擎的实用操作基础，哪些地方度很关键，哪些地方用了小的技巧可以避开一些难解决的问题。同时威廉·张也把实现各个模块的很优秀的工程师叫过来给李彦宏讲细节。在他看来，李彦宏是唯一一个能够听懂所有模块的人。这个过程在李彦宏后来百度的成功运营和技术提升方面起着非常关键的作用，因为它从根本上解决了李彦宏从技术理论实质性地走向技术应用和技术实践过程，或者可以说，如果没有威廉·张，李彦宏对超链分析技术如何走向运用还是一头雾水。

在李彦宏成功的背后推手里，还有一位重量级人物，她就是李彦宏的妻子马东敏。

马东敏在留学生圈子里是首屈一指的公主。她聪慧有才气。19 岁就从中科大少年班毕业。1995 年 4 月，李彦宏与马东敏一见钟情。5 个月后，有了如胶似漆的感情基础，10 月 10 日李彦宏和马东敏正式结婚。成家后，李彦宏事业上也飞黄腾达，声名显赫。1996 年发明了超链分析技术；1997 年，加入 Infoseek 公司后在 1998 年完成了第二代搜索引擎的研制，在信息搜索领域里成为杰出专家，同时拥有华尔街道琼斯子公司 70 余万股期权，在硅谷买下豪宅名车。此时，虽然在 Infoseek 公司看不到太远的前景，可是拥有娇妻相伴的幸福生活让李彦宏闲适起来，别墅门前出现的一块菜地成为李彦宏怀念陶潜的乐园，可是这不是马东敏对丈夫的要求和期盼，她期盼丈夫顶天立地，做一番轰轰烈烈的事业。于是她趁李彦宏上班的时候铲掉了这块菜地里的果实，面对李彦宏的恼怒和质问，马东敏却回答："我不毁掉菜地，菜地就会毁掉我的丈夫。你是世界顶尖的 IT 专家，我不能让你成为一个加利福尼亚的农夫!”

如今,关于李彦宏立志回国创业的说法有很多版本,其中有的认为他在几次回国和国庆观礼之后下定决心以及在Infoseek感到窒息等因素,但是李彦宏下定决心创业的最初动因还是因为受到妻子马东敏的激励和刺激。对于创业一事,马东敏是这样安排这个家的:让丈夫回国去,自己留在美国继续发展。后来她这样说:“这样,即使他创业真失败了,我的收入还能保证,还支持得起这个家。”

在第一次融资的合作人的选择和寻找上面,马东敏第一次当了李彦宏的参谋。她觉得,对于内向、腼腆、甚至有点木讷的李彦宏需要一个能言善辩,具有销售和推销丰富经验的合伙人,她把目标瞄准了曾经与自己同在一家医药公司共事、知根知底的同事徐勇。

2001年中国互联网泡沫四溢,百度也在经历了寒冬时期,当时准备实现商业模式的转型。由于这时李彦宏心里还没有底,于是他有了各种想法和做了各种准备,也做过了最坏的打算——同时也体现了李彦宏考虑问题的全面和周到。他哑着嗓子给大洋彼岸的妻子打电话,忍不住要去试探妻子的承受底线:“如果真的过上没有房子、没有车子的生活,你能承受得了吗?”马东敏挂断电话,第二天二话不说马上飞到北京,劈头盖脸地给了自己的爱人一番教育和培训。“你别忘了,Google那两个小家伙,还是你的学生呢,他们现在每个人都已经拥有30亿美元的身价了。”李彦宏又一次接受了妻子的洗礼,从妻子的智慧中吸收营养,同时,他心里很甜蜜。后来,在百度成长的漫长道路上,马东敏一直在背后给予李彦宏默默的支持。

在李彦宏成功的道路上,马东敏是妻子,也是参谋,很多事情在李彦宏犹豫不决和信心不足的时候,必须征求一下妻子的意见,只有得到妻子的支持,李彦宏在做的时候才有力量。俗话说,“在成功男人后面必有一个默默支持他的女人”这话用来描述马东敏非常合适。所以,《家人》杂志在文章《李彦宏背后的女人》一文中这样调侃道:“对于‘有问题?百度一下!’百度掌门人李彦宏却在心里把这句广告词修改了:有问题?找老婆参考一下!”

案例3·简单可依赖

有人说,要判断一家技术型公司的未来走向,可以从技术和文化两方面入手。如果用拟人化的比喻,技术好比公司的智商,而文化则好比公司的情商。智商很高,情商很低,也不能成大事。只有在一个好的文化的引导下,才能最大限度地发挥出技术型公司“高智商”的优势,由此也可见企业文化对技术型公司的重要性。

众所周知,Google的员工之间常用的一个形容词是“Googlely”,这当中反映的是Google与其他科技公司不同的性格。百度也是一样,走进百度大厦,很多人都有走进校园的感觉,因为那里有淳朴、自由的氛围,有年轻、有朝气和充满活力的员工。对此,百度将这种特殊气质以“很百度”来形容,而这个“很百度”,后来被用来概括百度文化的五个字代替,即“简单可依赖”。

“一是不准吸烟;二是不准带宠物来上班。”百度这两条军规至今依然在业界耳熟能详,这也是百度“简单可依赖”文化的雏形。据说那是因为李彦宏对猫有点过敏,所以不让带宠物来上班。百度上班的第一天,由于办公室还在装修,大家集中在李彦宏住的酒店房间讨论公司的未来制度,李彦宏就不假思索地做出了这两条规定,当其他人问他还有什么规定没有,李彦宏稍微迟疑了一下,就坚定地说:“就这两条儿,我觉得已经够了。”

相比起许多企业需要时刻注意的条条框框,百度的企业制度简单得出奇。这与李彦宏之前在硅谷的工作经历相关,百度很像硅谷的创业型公司,比如上下班不用打卡，着装也很方便，有免费的早餐、咖啡等。后来经过几年的实践和总结，最后把它提炼成了两个词：一个叫做简单，一个叫做可依赖。所谓简单，就是指这个文化没有很多复杂的人事关系在里面，人和人之间的关系非常简单，无论是想说什么、想做什么就直接去说、去做好了，不需要顾及很多的东西；可依赖则意味着可信任和可托付，这更多的则是体现在百度团队人和人之间的合作中。李彦宏是这样举例子的："把一件事交给这个人，这个人说'好，我来做'，那我们就放心地交给他去做，做出来的东西就是好的、有需求的。有这样一个团队，效率就会很高，大家也会很喜欢。"

由于没有公司政治，一切凭成绩说话，在百度，每个人都可以放心地把100%的时间和精力花在自己的工作上，而不必担心有人在暗地里拖你的后腿。李彦宏曾经这么说过这种"简单可信赖"的文化对自己和百度的意义："我虽然是一个技术人员，但到现在还能坐在CEO这个位置上。这并非是我个人管理能力有多强，而是因为公司内部关系简单。"百度内部的人际关系非常简单，这不仅降低了内耗，降低了管理难度，更是提高了公司运作的效率。

百度的管理外松内紧。李彦宏时常向百度员工重申："我们做事必须有领导者的心态，要best of the best，把每件事做到极致，做得比别人都更好——不是好一点儿，而是好很多。"在百度创业的早期，李彦宏提出旨在赶超Google的"闪电计划"就反映了这样的思想，这种"领导者的心态"和使命感会让百度员工主动地去提高自己和工作的质量。虽说百度有完备而健全的考核体系，这种"内紧"更多的是通过自我约束来达到，只要认可百度文化、一心想着把自己的工作做好、愿意实现自我的价值，为百度奉献自己聪明才智的员工，自然可以得到不错的回报，而那些只想着舒舒服服混日子的人，即使进了百度，也会感觉这样那样的不习惯。李彦宏就说过，那些复杂的人，不用我们请，他自己就会走人。可见，在百度这套外松内紧的管理体系中，强调的是文化相符、能力胜任、学习成长、事业心、感染力，做到了这五点，也就满足了“简单可依赖”的要求。

从百度的座位设置上也可看出百度“简单可依赖”的风格。在百度，只有副总裁才会有独立的办公室，而所有办公室的门，包括李彦宏的总裁办公室，除非有重要的交谈，一般来说都是打开的。这样的环境实际上反映了百度没有森严的等级制度，员工之间可以随时方便地进行交流；员工之间的称呼也是直呼其名而不是称呼职位，例如李彦宏，所有人都是叫他“Robin”而非“李总”。

这种“平等”在百度开会的时候尤其明显。百度开会通常很热闹，甚至在李彦宏讲话的过程中，也经常会被其他员工打断他的话，发表自己的观点，或对他提出的观点进行质疑。有的时候李彦宏参加会议来晚了，也会悄悄地找一个角落坐下而不会打断会议。在很多时候，有李彦宏参加的会议会让人感觉不到他的存在，因为他只是静静地听每个人发言，即使当中偶尔会插上几句自己的意见，但这并不会影响会议的走向——对百度员工来说，李彦宏的意见只是“个人意见”。也就是说，是站在平等的角度来探讨问题，而不是命令和最终的决议，这也和其他公司的领导拥有绝对权威，往往在会议最后“一锤定音”的常态有所不同。

新浪网的执行副总裁、主编辑陈彤在一次会议上曾这么评价百度：“我们原来跟百度在一个楼办公，感觉硅谷文化、工程师文化和导师文化在百度体现得很充分……另外我知道百度是最早设置首席科学家的岗位的企业，所以应该说百度应该是比较多地体现硅谷文化的这么一个互联网企业。”百度的文化不仅影响到了自己的员工，而且还影响到了与百度合作的代理商们，像百度的前核心代理商移动时代，在装修风格、配色、座位布置等方面都极力模仿百度，以至于有很多客户进到移动时代，都会认为这是百度的一家分公司（百度后来 2007 年在深圳成立分公司并收回了移动时代的代理权）。

有意思的是，这种“简单可依赖”的企业文化，在很长一段时间内却没有被百度刻意提起，而是通过百度自己的努力让用户产生了这种感觉。如在2006年举办的“2005年度商业标杆颁奖典礼暨2006商业灵感论坛”上，当时现场进行了一个调查，在座听众被问到是否有谁在报纸或电视上看到百度简单可依赖的广告，观众无一举手；而当问到有多少人使用百度时，则有90%的听众举起了手。百度从没有花钱打广告强调产品简单好用，可以依赖，百度专注领先的搜索技术，而百度所提供简单的搜索方式，确实值得用户依赖。

有人评价说，对于百度来说“简单可依赖”的核心价值观的重要性，并不亚于那些技术创新。一家公司如果不能明确地向外界表达自己的价值观，也不可能成为一家真正伟大的企业。百度的核心价值观作为百度软实力的重要组成部分，对其成长发挥了推动作用。

本章启示

确立特色的管理模式

管理模式是指管理者在一定管理思想的指导下，对组织的管理目标、管理对象和管理手段进行整合以推动组织有效运转，在长期的管理实践中形成的独具特色且相对稳定的管理状态。好的管理模式应具有极强的适应性，才能真正成为企业持续发展的保障。如以上定义所示，一定的管理思想，指的就是企业的文化理念，任何企业的管理思想都是其企业的核心理念。

德鲁克认为，企业必须通过五个方面的实践，才能确保正确的精神贯穿于整个管理组织中：一是必须建立很高的绩效标准，不能宽容差的或平庸的表现，而且必须根据绩效，给予奖励；二是每个管理职位本身必须有价值，而不是升迁的踏板；三是必须建立合理而公平的升迁制度；四是管理章程中必须清楚说明谁有权制定事关管理者命运的重要决定，管理者必须有向高层申诉的途径；五是在任命管理者时，必须很清楚诚实正直的品格是对管理者的绝对要求，是管理者原本就需要具备的特质，不能期待他升上管理职位后才开始培养这种特质。德鲁克并没有告诉管理者一成不变的管理模式，而是在管理的现实实践中不断摸索与创新，才可以探求出一种适合本企业的具有自身特色的管理模式，也才成为好的管理模式。

在李彦宏的管理实践中，他以“简单可依赖”为核心理念，给予人才最自由最宽松的富有创造力的空间，然而最核心的内容是以结果导向、快速学习适应能力和理念认同以及职业精神为基础，最终摸索出一条基于中国的温情文化土壤之上的具有硅谷基因的特色的管理模式。在这种模式中，吻合了德鲁克管理实践里面的“绩效标准、升迁制度、职权在谁手中、品格”等几大要素。也正因为在百度的这种管理文化之下，才足以为其多年垄断中国搜索引擎市场份额提供保障。为此，企业管理者应该得到以下几点启示：

第一，关注员工的需求。

对于一个企业来说，顾客是利润的来源；而员工却是生产的原动力，如何处理好两者的关系，将对企业发展影响深远。除了“顾客是上帝”的以顾客为中心的理念外，企业还需要以员工为中心，通过员工满意度的提高达到顾客满意的效果。

李彦宏对员工需求的关注，除了“工程师文化”的种种体现外，更是从薪酬、培训和发展机会、工作环境、工作内容、升迁机会、人际关系等因素来进行。值得注意的是，不同层次、不同年龄、不同背景的员工的需求又有着很大差异。但是不管哪一类型的需求，良好的企业文化氛围都是他们最认同的。建立一种独到的企业文化，创造一个良好的发展空间，对提升员工对企业的满意度，进而达到顾客满意的效果相当重要。

第二，善于借鉴，敏锐发现。

俗话说："寸有所长，尺有所短"。李彦宏领导百度的运营中，眼光长远，目光敏锐，触觉灵敏，而思考深刻。他善于从硅谷商战中吸取经验教训，善于听取家人、朋友和下属的意见，善于从2000年的互联网泡沫中总结经验。同时也善于吸收别的企业、别的企业家在管理经营过程中的智慧，他对乔布斯、柳传志等人的研究非常透彻。同时，他也善于从竞争对手的优点中获取灵感，用于提升自己产品的用户体验。所以，任何想成为杰出的企业家的管理者，就应该经常保持学习心态，借鉴他人经验，同时要结合现实情况，敏锐发现问题，从而提升竞争力。

第三，要懂得充分放权。

"授权"与"监管"是一对互补关系。将一个项目交给下级去完成，"用结果说话"，以结果来考核下级的完成情况和执行能力。同时，又要对下级进行有效监管，从执行的进度和质量上进行把控。虽然说这是一对互补关系，但同时也是辩证关系。如果监管太多，就会影响到创造力的发挥；如果没有适当监管，就会陷入偏离目标任务的危险。所以，处理好授权与监管的辩证关系，就需要把握好一个"度"。

在《一百度》的29条军规中，"给予最大的空间"其实就是包含了放权。企业领导者也是人，精力毕竟有限，不可能面面俱到，事事插手，因而要放权。工作氛围对工作效率的影响是显而易见的。在自由、平等、宽松的工作氛围下，员工创造力、灵感、激情和积极性将得到空前的激发和释放，从而形成一些创新点子、思路和方法。如果等级森严，员工会在领导面前感到胆怯和拘谨，内心受到压抑和窒息，许多好的想法会因此消亡。

第八章

硬鞘——外紧内松的企业管理

在小约瑟·L·巴达拉克所著的《沉静领导：领导不语，沉静而御》中这么描述："沉静型领导者有别于普通受称颂的英雄式领导，过去我们认为成功的领导者，处理任何事情都该轰轰烈烈，让部下感到佩服不已。事实上，真正伟大的领导者，是在许多细微的事情上，作出了与众不同的抉择，只可惜太多研究领导学的人不曾去注意与珍惜。"与习惯于轰轰烈烈开展管理的英雄式领导不同，沉静思考型领导者往往能够看清楚事物的本质。

如同《史记》中记载的"扁鹊三兄弟"故事，魏文侯曾问扁鹊说："你们三兄弟中谁的医术最好呢？"扁鹊回答说："长兄医术最好，中兄次之，自己最差。"文侯说："那么为什么你最出名呢？"扁鹊说："长兄治病，是治于病情未发作之前，由于一般人不知道他事先能铲除病因，所以他的名气无法传出去。中兄治病，是治于病情初起之时，一般人以为他只能治轻微的小病，所以他的名气只及于乡里。而我是治于病情严重之时，在经脉上穿针管来放血，在皮肤上敷药，所以都以为我的医术最高明，名气因此响遍天下。"同样，一个领导者如果能面对真实世界、实事求是，就已从解决问题的层次，提升到避免问题发生的层次，因为他们的态度，使得他们面对所有大小事都能处理得与一般人不同。

由于隐忍、宽容、放权的管理风格，李彦宏也被冠以“沉静领导”的标签。在李彦宏的2008年12月12日《无声的管理 无声的技术》博文中有这样的描述：“在中国，无声的不是管理，是技术，太少人真正关心技术的进步，太多的人醉心于把管理当战争，把自己当毛泽东。”言外之意阐明了李彦宏在百度企业运营中的基本风格——即李彦宏在运作百度的时候，只是无声地沉静地潜心于提升和改进研发团队的技术能力，而对于百度管理的细枝末节，自己不是很直接插手其中，而是采取以静制动、以柔制刚的宏观掌控的办法。

李彦宏自己用4个英文单词来形容这种沉静式管理，即：Inspiring（激励）：营造一种开放、充满活力的氛围而默默地做制度方面的假设；Caring（关怀）：知道在合适的时间来用合适的方式处理问题；Infusing（灌输）：注重潜移默化，和风细雨，贵在坚持，最终效果显著，影响深远；Initiating（启蒙）：从来不离开基层。百度的管理、文化都反映了李彦宏的这种领导风格。因此，也有人用“水”来形容李彦宏的管理风格，这来自老子的《道德经》，“上善若水，水善利万物而不争”，再加上李彦宏无为而治的管理方式，这的确与老子的哲学思想非常相似。不同的是，李彦宏的海外留学和工作的经历给李彦宏的领导风格在中国文化底蕴的基础上又加上了不少西方特色，例如自省和自律、胸怀和远见、信任与尊重、专注与专业、领先与超越，在无为而治的柔性管理上又加上了一层刚性的约束，让无为而治的水在一定的范围内、按照李彦宏根据西方管理理论框架确定的形状流动。

因此，具体到某个事例上，我们往往可以发现这种“松”和“紧”交错的例子：2010年年初接连发生的百度被黑和Google退出中国事件，对发生在自己身上的事，李彦宏只是委婉地表达了自己受的委屈，而当下属对Google进行评论时，李彦宏却马上动用力量铁腕消除这一事件的影响；再往前，百度近几年来的高管离职和空缺颇为引人关注，但百度却做到了“形散而神不散”，没有因此而影响企业的运营；百度内部提倡“有创造性的混乱”，虽然混乱，却是最有创造性的方法……还有许多类似的例子，都在说明我们在研究李彦宏的“柔性管理”的时候，也不要忘记他在管理中的刚性一面。

案例 1 · 百度被黑和删掉博文

“昨天在 Google 上搜百度被黑，今天在百度上搜 Google 退出。”2010 年 1 月 12 日和 13 日，中国市场占有率最高的两大搜索引擎连续爆出新闻，先是百度遭受国外黑客攻击，造成网页大面积瘫痪；被黑事件刚刚告一段落，Google 紧跟着曝出消息要退出中国市场。在这样的风波中，李彦宏选择了低调处理。

让我们先来看看“百度被黑”事件。黑客对网站的攻击本来不是很奇怪的事情，可是能够对作为最大的中文搜索引擎百度的攻击，一定需要耗费巨大的技术力量。可是在百度历史上，却曾发生过数次被黑的事件。其中影响最大的两次，第一次发生在 2006 年 9 月；第二次在 2010 年 1 月。至于第一次事后李彦宏的反应还没有发现历史记载，只是百度官方网站做了事件的证实；而第二次事后李彦宏只是言简意赅地发出“史无前例”的感叹却早已广为传诵。

2006 年 9 月 12 日傍晚 5 时 30 分左右，北京、重庆、广州、长沙等地的百度搜索引擎百度无法正常使用。事件经过是这样的：当日下午 5 点半左右，这些地区网友在对百度服务器执行“Ping”命令时发现域名丢包率达到 100%，返回的信息显示着“请求超时”字样。随后，可登陆百度网站首页 www.baidu.com，但搜索内容的速度极慢，近 10 秒钟后网页最终出现无法显示的页面。直到下午 6 时，百度网站才恢复正常。当天晚上 11 时 37 分，百度在其百度空间上发表声明称遭受有史以来最大的不明身份黑客攻击，并表明将配合公安机关对事件幕后的精心组织策划者进行调查处理。虽然此次被黑对百度的影响只有半个小时，但也让不少用户对于百度的安全防范能力产生了怀疑。

2010年1月12日发生了长达2个小时以上的百度页面大面积瘫痪事件，时间之长可谓史无前例。

事件经过大抵这样：当日早晨7点20分左右起，打开百度首页就出现了“This site has been hacked by IRNIAN CYBER ARMY”的字样。在页面下部，有一连串波斯语的留言，大意是“作为美国当局干预伊朗内部事务的回应，这个只是一个警告”。但是不久，这张图片随即被去掉，但是百度依然无法访问。输入页面后，出现的是一个含有“YAHOO”标的页面。有的直接无法访问，有的跳转到了伊朗的军网（网络盛传，伊朗黑客攻击百度的原因，据说是为了抗议早先中国网民在Twitter上对伊朗反对派的支持）。这些迹象表明Baidu.com和之前的Twitter.com遭遇了同样的域名劫持。在对百度服务器执行“Ping”命令时，均返回“请求超时”的信息。直到2010年1月12日10点，百度页面仍然无法正常登录。当日上午10:54，百度官方对事件进行了报道和证实，并表示正在积极处理。12:51，有网友发现李彦宏首次现身百度贴吧，发帖子称此事“史无前例，史无前例呀”。

之后，18时百度官方发出公告，认为事故原因是“因www.baidu.com的域名在美国域名注册商处被非法篡改，导致全球多处用户不能正常访问百度”。对此，百度内部人士认为百度的防御系统很强大，黑客攻击百度难度很大，而业界人士则认为并非完全如此。

值得注意的是，百度公司就首页被“黑”发表声明，指出不法分子并没有攻击百度的服务器，而是选取美国域名注册商作为攻击对象，再联想到之前伊朗黑客对Twitter的攻击，百度或许只是“城门失火，殃及池鱼”，但这次攻击给百度造成了不小的损失。据估计,百度的直接损失达到人民币1000万元左右,甚至会影响到财务报表。另外,这也可能让各路黑客感觉百度是如此的脆弱,继而发起对百度更大规模的攻击。

在这两次百度网页受到攻击的事件中,李彦宏保持了罕见的沉静。2006年9月那一事件,曾有百度人士认为可能和竞争对手脱不了干系,虽然百度只在其官方网站公布了这一消息,但是没有公布李彦宏对此次事件的任何表态。他用沉默回应了所受到的伤害。在2010年1月12日的这一事件中,重复感慨的"史无前例"高度概括了他的表态,只是含蓄地表达了百度受到伤害的深。

熟悉李彦宏的人都知道,李彦宏是一个较真的人,他觉得有道理的事情就绝不会放弃,例如在选择竞价排名的问题上,李彦宏和董事会据理力争,据说甚至还摔了手机。但另一方面,李彦宏非常在意媒体的评价,这一度也成为百度与媒体关系紧张的原因,对于媒体对百度技术能力、竞价排名、与Google的竞争等方面的报道,李彦宏一直期望外界对百度的评价是"正确的",为此他会向媒体一遍遍地解释自己的观点,但到后来,李彦宏学会了沉默。资深IT评论者洪波曾用这样的话描述百度怎么看待外界:"在百度看来,这个世界是一个草木皆兵的世界,所有人都对百度不怀好意。"

不以物喜,不以己悲,在中国传统文化思想中这是一种难以达到的思想境界。在百度被黑事件中,李彦宏忍住了向人们倾诉不平的念头,只是含蓄地表达了自己的意见。而在次日发生的Google退出事件,李彦宏也同样用沉默去回应,甚至对于自己员工火药味十足的博文,李彦宏选择了果断的行动,用自己的智慧去制止了可能的口水仗的升级。

2010年1月13日,Google高级副总裁和首席法律顾问大卫·多姆德(David Drummond)在Google官方博客上发文表示,Google集团考虑关闭"Google中国"网站以及中国办事处。针对此事，当天下午，百度首席产品设计师孙云丰在自己的博客中撰文《Google市侩，我感到恶心》评论道：

“Google的首席法律顾问的调调让我感到恶心。因经济利益退出，就直白地说好了，把自己涂脂抹粉一番，还煞有介事地提到Google被中国人攻击，Gmail信箱被攻击，把这些事情作为退出中国的铺垫，这种论调是侮辱中国普通老百姓的智商，但还真有可能迎合那帮目空一切，但从未到过中国、对中国没有丝毫了解，却又喜欢对中国说三道四的西方人的假想。只提一个假设，如果Google占据了中国80%的搜索市场份额，Google的高管，还会这么高调地宣称要do no evil，从中国退出吗？整个事情给我的唯一感受，就是恶心。”

如果将这篇文章拿来解剖，就可以看出这是一篇火药味浓烈的攻击性文章。作者以极强的主观性语言来对Google离开中国事件进行评述，对它展开赤裸裸的人格化攻击。这篇文章读了过后，给人一种泼妇骂街的感觉。

有人评论说，李彦宏的性格决定了百度的性格。孙云丰也属于百度高层，那么这篇文章也代表了百度高层的形象，甚至有人猜测，孙云丰的这篇文章是否得到了李彦宏的授意。百度作为一个全球最大的中文搜索引擎，就刚刚在10天之前获取“优秀企业公民”的称号，李彦宏本人2009年之后曾一跃取代马云的位置成为中国商业领袖，他也曾几度风光亮相央视春晚，等等，具有如此“光辉形象”的百度难道不可以站在一个高风亮节的立场上来审视和认识一个IT行业里备受瞩目的“Google宣称即将离开中国”这一事件吗？难道应该在大众面前逞“妇人之仁”和“匹夫之勇”吗？或者应该逞以“小人之心”吗？

对此，李彦宏却有另一种回答。

2005年8月8日自从Google正式进入中国之后，李彦宏和它在正面战场上曾经展开过无数次的交手和较量，在斗智斗勇之中李彦宏自有一套招数，这种招数真刀真枪和兵不血刃，而不是在大众眼底和在博文里哭鼻子、撒威风，甚至泼妇骂街和莽夫乱撞。在谨慎、沉静而持重的权衡了整个大局的利弊得失之后，李彦宏的答案出来了，就是让孙云丰马上删掉博文。同时，百度的公关紧急出动，最大限度地消除这一博文的影响。

案例 2 · 形散神不散——从高层的离职说起

2006 年 10 月，刘建国从百度离职；2007 年 3 月，梁冬从百度离职；2007 年 4 月，朱洪波从百度离职；2007 年 12 月，王湛生意外去世。就在这短短 1 年多，李彦宏失去了 4 位主要的创业伙伴。2005 年，百度在上市之后出版了一本名为《相信中国》的企业传记。到 2007 年底，这本传记封面上的 5 个公司高层只剩下李彦宏留在公司。

就在 2008 年，百度高层团队在经历短期震荡之后又重获生机，雏形再现。3 月，通用汽车金融公司前财务官李昕晢担任百度 CFO 接替王湛生的位置。4 月，前任苹果中国区总经理叶朋先生加盟百度担任 COO 接替朱洪波的位置。2008 年 10 月，华为前副总裁李一男加盟百度担任首席技术官接替刘建国的位置。然而仅仅 1 年后，2009 年 6 月，百度“核心组件”俞军先生离职，2010 年 1 月，叶朋和李一男相继离职。2010 年 3 月，电子商务事业部经理李明远离职，百度高层再现了第二波离职高潮。

针对这些离职现象，再联想起早期离职的徐勇和毕胜，李彦宏在媒体采访时透露，他最初对高层离职疑惑不解，有时非常痛苦和伤心，但是后来，他又发觉高层离职是非常正常的事情，尤其在 IT 行业，因此他也把这些离职当做百度的一种新陈代谢的自然现象，所谓人各有志嘛。也许，由于个人的理想和职业规划不同，重新选择就业对于经理人来说是不可避免的事情。可是，这些现象发生在一个在纳斯达克市场翻云覆雨的百度，却给人一种非常突兀的感觉。这些不得不让人想起这些高层们在离职之际可能会带着某种隐痛和无奈，以及其中的某种必然性。

百度管理文化说到底就是"简单可依赖"。这种文化给人比较深刻的印象就是自由、民主、创新、个性、宽松、激情以及清纯简练等，这种带着美国硅谷基因的自由个性文化在李彦宏的领导下已经演绎为以商业规则为核心的渗透了中国古老的阴阳辩证的管理文化。在《一百度》一书中，百度创业10年间凝结的企业文化被总结为"29条军规"，从中可以窥见百度管理文化"中西合璧"的色彩：管理制度既有美式管理的尊重人性、松散分权的自治机制，又有中国民主集中式的高效执行；用人哲学既有西方能力主义的绩效标准，又有中国信任与自律的道德期许；主管们既有西方职业化的专业素养，又有中国传统知识分子的使命感。外界对李彦宏的管理风格描述为"君子领导"、"唐僧领导"、"坤势领导"，等等。李彦宏本来不擅长于管理，他无意从微观上插手百度运行的日常事务，只是从宏观上做好总体把控，充分放权，给予员工最自由的空间。当有人问起关于管理的事情的时候，他就说，"反正我也不擅长，就让你们去做吧，我不管。"然而，百度大约在2004年前后，就逐渐在不断完备和健全这种体现"简单可依赖"的运营机制。就在宽松自由当中，没有绝对的自由，在提倡"把事情做到极致"的理念下，百度建立了相应的考核指标和考核制度。所有员工均受到考核制度的制约，而高层领导核心成员们，也要受到李彦宏的考核和裁量，这些也许就是百度高层核心成员在"简单可依赖"的自由宽松文化氛围中频频离职的苦衷和隐情吧。更准确地说，这也许就是百度形散当中的不散的"神"。

曾经在接受媒体采访的时候李彦宏表达了这样的观点，大概意思就是很多优秀的人才，在进入百度的初期，都为百度的发展献出了杰出的才智，都作出了巨大的贡献。然而，百度公司却在高速发展，在发生重要的战略转型的情况下，他们与这种步伐产生了脱节，因而选择了退出——在这些离职的高层中，给人印象较深的有徐勇、梁冬、李一男、李明远等。即便如此，百度仍然按照李彦宏设计的目标和方向继续前进。

1. 徐勇黯然离开

2004 年 11 月 30 日，媒体获悉，百度两位创始人之一、首席策略官徐勇即将离职，12 月 15 日将是徐勇在百度的最后日子。有报道以"百度清洗管理层 创始人之一徐勇离职"作为标题，可见，徐勇的离职引起媒体的惊动。

1999 年底，徐勇与好友李彦宏回国创建了百度，先后任百度公司执行副总裁、首席策略官。在百度发展的初期，徐勇和李彦宏曾在北京市场到那些大型门户网站挨家挨户地销售。百度在 2000 年 5 月完成研制的第一套产品——百度搜索引擎——即为门户网站提供后台搜索引擎解决方案。而据称在李彦宏对决董事会决定转型，推行竞价排名的商业模式的时候，徐勇曾强烈反对过，他认为这样做会影响到原来的客户。

《搜索百度李彦宏》一书这样描述道："在百度的发展早期，李彦宏是董事长兼总裁，徐勇是执行副总裁，负责市场方面，刘建国是副总裁，负责技术方面。'三驾马车'配合称得上是协调默契，虽然在公司的很多具体事务上，徐勇和李彦宏也会发生争吵，但最终都能协调一致，把思想统一到以李彦宏为总裁的核心管理层。"徐勇在百度的一个转折点是朱洪波的加盟，2002 年 6 月，经过秘密会面，前用友软件副总裁朱洪波加盟百度担任高级副总裁，主要负责市场推展及企业软件事业部。有文章称朱洪波和徐勇，产生"瑜亮情结"在所难免，显然，朱洪波的加盟对于徐勇在 2004 年底的离职已经埋下了伏笔。在朱洪波加盟百度前，包括市场、销售等众多业务都是由徐勇直接负责的，但据称，从 2002 年开始，随着百度逐渐走上正轨，徐手里的权限越来越小，最后只担任首席策略官的虚衔。徐勇虽然在公司创建期起到了非常重要的作用(比如融资等)，但在经营过程中，他个人的能力可能有所不足，也正是因为这样才有了朱洪波的加盟，同样也促成了徐勇的出局。

2004年8月，徐勇向董事会提出辞职。2004年12月16日，徐勇正式离开位于理想国际大厦的百度办公室。就在百度为徐勇举办的“欢送会”上，徐勇说道：“百度是我职业发展中一个非常重要的里程碑，我非常荣幸能够与百度总裁李彦宏先生以及所有员工一起，将百度打造成全球最大的中文搜索引擎。这是让我和所有百度人感到骄傲和自豪的事业。百度目前各项业务均保持着稳健且高速的成长，技术也一直保持全球领先的地位。我对百度的未来充满信心。”而李彦宏说：“徐勇先生在百度近5年的成功发展过程中起到了重要的作用，现在公司各方面已经进入良性的运营轨道，赢利情况越来越好，所以我们对他这一决定表示理解。他对百度各项业务的发展作出了重要贡献。我们相信他在未来的发展中会取得更多成就。”这些都是司空见惯了的外交辞令，而其中的隐衷只有当事人才清楚。

2. 梁冬离职

2005年1月17日这一天，百度宣布梁冬正式加盟百度，出任营销副总裁，主要负责市场及公关战略的制定实施等。早在2000年初，梁冬与百度的华南区负责人刘计平就有了第一次接触。2004年初，梁冬与百度的一位中高层碰面，随后经该人介绍，梁冬结识了百度总裁李彦宏并有过初步接触。而梁冬在正式加盟百度的4个月前，已经为百度的营销活动热身了，百度在2004年10月18日面向全球华人举行重金征集创意“苹果奖”的市场活动，据称就出自梁冬之手。

梁冬在加盟前仍然有所顾虑，他曾经问过李彦宏很多遍“你觉得我真的能适应吗”？李彦宏的答复是“我不能够保证你一定能够适应，但是我能够保证如果你在百度适应不了的话，你在其他任何IT公司都适应不了”。这几句几乎已经成为了经典的对话在业内已经被传诵很多遍，最终李彦宏说服了梁冬。当时李彦宏列举了三个理由：一是认为梁冬和百度的精神气质比较契合；二是认为梁冬凭借自己在品牌推广方面积累的丰富经验能够有助于百度的发展；第三则是为梁冬个人考虑的，认为他确实到了需要转型的时候。

自从2005年年初有了梁冬的加盟百度以后，一向以低调谨慎著称的百度开始活跃起来。从赴美上市到接连推出百度、胡润"百富人气榜"，主办百度都市状元媒体活动，推出百度标准指数，并将"百度"由名词变为动词，使得"百度一下"的概念日益深入人心，梁冬让百度在市场、公关方面的动作如"串串秀"般的层出不穷。在这些作品中，以"百度更懂中文"为主题的《唐伯虎篇》短片视频广告作品影响尤其巨大，同时他首创的颇有中国特色如"百度人民银行"、"全世界百度人民团结起来"之类的口号也已经在网络上流传开来。

然而，将百度品牌推上高峰的梁冬在2007年3月也黯然离职了。2006年对于百度来说，就是上市后一个痛苦而麻烦不断的年头。天极网风波，裁员风波，女工被害风波，点击欺诈风波等负面新闻不断在各大媒体涌现。作为市场与公共战略的主要负责人，梁冬难辞其咎，他心里也一定很难受，虽然前期他硕果累累。2006年9月，李彦宏任命任旭阳为百度市场战略品牌公关主要负责人，而梁冬则改任品牌创意总监，这实际上就是一个虚职，这个和当年改任徐勇当策略副总裁是一样的，没有执行权，创意有什么用?

3. 其他高管的离职

至于后来如李一男、李明远的离职，虽然在细节上可能与徐勇、梁冬有所区别，但外界猜测总体来说都大概都和业绩有关。百度对于公司高管的年终奖金，发放的依据是参照一些基本的年度考核指标。其实，高管们更在乎自己的那些金手铐即他们的经济回报主要是通过股票或期权体现的，如果业绩表现好，股票稍微涨一涨，收益就会自然增加，这样不仅可以获得丰厚的回报，更能体现出自己的价值。

在《一百度》的29条军规中，其中“把事情做到极致”和“高效率执行”、“证明自己、用结果说话”这看来非常气势的三条，应该说是对百度所有人员（当然包括高层）业绩的期望和理念，这是非常典型的结果导向。显然，任何一个企业，都是要靠利润而生存的，如果没有业绩，怎么谈得上利润呢？因此李彦宏作为一个企业家，强调执行力和效率、业绩是天经地义的，他与别人有点不同的是，懂得最大限度的放权，让你有一个最充分最自由的空间，让你的潜力得到最大限度的发挥，从而达到李彦宏所追求的“极致”和“完美主义”，这就是一种无为而治中的有为，一种形散中的“不散”。因而，优胜劣汰成为普遍的企业内部竞争规则，百度也不例外。

案例3·容忍有创造性的混乱

在《硅谷商战》中，李彦宏这样表述：“要容忍有创造性的混乱。硅谷靠的是对商业环境变化的迅速反应能力和它相对混乱的环境。这意味着团队精神、合作能力、没有官僚作风和对权威的挑战。”百度创立之后，他的这种思想也延伸了过来。

容忍有创造性的混乱，这就意味着要给员工极大的发挥创造力的空间，给予他们最自由、宽松、民主的工作环境，模糊上下级的关系，做到企业内部人与人的关系是“简单可依赖”。同样，也包括了允许试错，允许有建设性的破坏，从中发现灵感和激发想象力。但同时更要求有一种企业精神，一种执著的严谨的“工匠精神”。

比如俞军在被任命为百度产品副总裁后，对工作的执著和严谨可谓达到了高深的境界。他带领团队不断发现BUG解决BUG,将严格按照以“用户体验”和满足客户需求为标准,踏踏实实地展开工作。这是李彦宏期望在所谓的“最大的自由空间”和“创造性的混乱”中所要遵循的原则。所谓的BUG是计算机代码错误,百度有非常强大的控制团队,对产品质量进行全程的监控和跟踪。俞军曾经说过,“用户使用过程中感到的任何不满意都是我们认为的不足,都要进行改进,在建立之初我们叫它BUG跟踪系统。不断发现BUG并解决的过程,搜索引擎是踏踏实实解决问题的过程,要做到宠辱不惊。”

“允许试错”是《一百度》29条军规中显赫的一条,它其实也就是“容忍有创造性的混乱”的另一种概括。只是令人震惊的是,由于对这样的文化氛围的一种默许,从而让员工感受到李彦宏的一种可怕的沉默。

一位从百度离职后的中层员工曾经在他自己的一篇博客《他的沉默让我感到害怕》中写道:“我在百度算中层,跟Robin没什么接触。他只跟高管沟通。我跟Robin第一次接触还是因为犯了错误。百度logo在页面上像素是固定大小的,一次,logo被我放大了很多。Robin立刻发现了,直接把我叫到办公室。他一言不发,足足有5分钟。我们称Robin为沉默管理。那种沉默让我很害怕。Robin要把我开除,当时我试用期快满了。梁冬也被骂了,但他保我,让我延长了试用期。”从这篇文章看来,这个员工应该就是当年梁冬在任百度市场公关与品牌战略主要负责人期间所领导的品牌策划团队里面的一个中层,而且他和梁冬的关系很好,可能是朋友。在文章中作者表达了对李彦宏的那种执著的事业心、坚定的意志以及高效严格的执行力的钦佩,虽然他对李彦宏的沉默感到害怕。

也许只有李彦宏的这种开放、包容而又极强的严厉要求的结果导向和“有创造性的混乱”和“试错”的理念,才真正促成百度形成了生机勃勃的创新文化,从而出现“百度贴吧”、“百度知道”、“百度空间”具有特色的产品。也正因为这样,才有了百度的一种企业精神，执著，激情和高效以及追求极致。同样来自俞军，对于产品质量，他说："如果这个水平面比另外一个河流的水平面高一厘米，这个水流会不断往另外一条河流，直到两个水平面持平。其实就像搜索引擎的质量，如果综合的用户体验能比别人高一点，其他的搜索引擎用户会不断往你这里流动，而且是每分每秒流动，直到用户体验接近平等。"只有这样，才真正地构成了百度的核心竞争力。

以沉默来处理、对待这种所谓的"创造性的混乱"，并不是李彦宏一点都不计较，而归根到底来说还是结果导向。就算过程中有点错误，有点混乱，但是结果要把事情做出来，而且做得最好。这样李彦宏当然是高兴的。然而，在企业运营中遇到的问题要比想象中多得多，有的就是很难用结果来量化，对此李彦宏也感到非常为难。有时，为了追求业绩上的极致，在自由宽松空间里的百度员工也会屡屡想试水错误和闯禁区，从而在给用户、给竞价排名广告客户等形成一定的伤害，也给百度形象造成了影响。另外，为了表现卓绝，百度也向竞争对手 Google 们的长处学习，百度员工也公然坦陈这一点。很可能这样，在百度上市之后，很多人选择了离开。

也很可能容忍有创造性的混乱，百度在上市后又多次陷入了公关危机。然而，对于这些危机的反应，李彦宏是沉默的，这与他的"简单可依赖"文化理念是一致的。

2006 年的那些公关危机，李彦宏选择沉默来处理和对待，他几乎不怎么直接出面来和媒体交流澄清，虽然他对媒体的报道非常不满，他认为媒体已经误读了百度，可是他还是不说话。后来他在公开场合这样说："当时出现这个事情的时候，我非常痛苦，我觉得我没做错，为什么外界有那么多的批评？"也在博客里写道："一段时间以来，我不愿意接受采访的原因之一是太容易被误解。"

2008 年底的那场公关危机，他依然是选择冷静对待。碰巧的是，危机发生的第二天便是李彦宏的40岁生日，对于这位向来低调、冷静、沉稳、内敛、沉静的企业家，在自己公司被推上“风口浪尖”而让很多员工人心惶惶的时候，他依然还十分沉着自如地举行自己的生日庆典晚宴。

为了这次生日晚宴，李彦宏已经谋划和等待了多年。10多年前在美国的时候，有一次从新闻报道里得知一位名流邀请百位贵宾参加40岁生日聚会，李彦宏当时就已经展望了美好的未来，想象自己40岁那天“也能够办一个100个人的Party”，该多好啊。果然真是皇天不负有心人，李彦宏在公关危机后的这一次生日宴会，也有了包括俞敏洪、潘石屹等商界名流100多人来参加了。

最为令人难忘的是，在那天的生日晚宴上，作为主角的李彦宏全副武装上阵，给人一种格外庄重而肃静的感觉。他兴致颇高，穿上了他平时很少穿的西装，系上了经过精心挑选的一条颜色喜庆的领带。这和此前他出席传媒大亨默多克的宴会所穿的T恤、短裤和休闲凉鞋，形成了鲜明的对比。在播放了一段幻灯片后，李彦宏即兴发表了一篇长达30分钟的演讲。演讲中他表达了对偶像苹果CEO乔布斯的崇敬之情。在来宾们酒意微澜的时候，李彦宏还开心欢悦地用他那五音不全、有点古老僵化的歌喉将自己的诚心献给大家。据悉，他的歌喉“都带着《三百六十五里路》的旋律”。聚会散场时，李彦宏还意犹未尽地拉上几位从百度离职的老员工拍了一张合影。

只要稍微联想一下，可以知道，百度刚刚遭遇成立以来一次最为严重的公共危机之后的李彦宏，心情本来会有多么的沉重，可是他的歌曲却唱得那么轻松，那么开心和兴致。其实，在这种轻松下面，隐含着一种冷静、沉重和严肃以及思虑，更是一种凝固着异常坚定无比的信念和力量。这也许就是李彦宏所谓的“有创造性的混乱”里面的沉静，或者就是他的心底里永远的“神不散”。

本章启示

张弛有度的管理

理念是重要的,同时更需要通过制度来维持模式的稳定性和秩序性。制度是企业高效规范运作的保障。一个企业的竞争力的核心就是是否具有健全完善的管理制度。郭凡生说,制度是创业成功的根本。唐骏说,管理才是核心竞争力。在企业初始阶段,需要激发和发挥更多的创造力,才能在与成熟公司竞争过程中在品牌还不具备的条件下另辟蹊径。

被誉为现代管理学之父的德鲁克说:“管理好的企业,总是单调无味,没有任何激动人心的事件,那是因为凡是可能发生的危机早已被预见,并已将它们转化为例行作业了。”可见对实行刚性的制度,规范人的行为,强化责任的落实,可以形成优良的执行文化,从“精”和“细”两方面入手。所谓“精”就是切中要点,抓住运营管理中的关键环节;“细”就是管理标准的具体量化、考核、督促和执行,是提高企业效率的重要手段。

另一方面,无论是20世纪30年代进行的“霍桑实验”还是之后马斯洛提出的人的“需求层次理论”,发现了人并不仅仅是“经济人”,同时更是“社会人”,从而开创了行为科学管理的先河。其后,使得“社会人”的认识观念深入人心,人本管理备受青睐。因而在具体企业管理中,不仅要注意制定刚性化的制度,还要注意实施以人为本的管理,做到管理的张弛有度。

第一,促进团队的协同与沟通。

协同效应原来指的是通过横向关联取得协同效应。协同效应原本为一种物理化学现象,又称增效作用,是指两种或两种以上的组分相加或调配在一起,所产生的作用大于各种组分单独应用时作用的总和。1971 年,德国物理学家赫尔曼·哈肯提出了协同的概念,后来经过几十年的发展,至今形成了协同效应理论。它实际上讲的是团队如何协同运作提高效率。同时,团队的协同运作仍然需要以人才的经验和能力为基础。

“建造金字塔时,监工根本不会关心那些毫无技能的、只会搬运石头的工人们的士气,也不会想到要建立激励机制。但现代管理却不同,它的目的就是要使人们进行有效的合作,充分发挥积极性。”彼得·德鲁克曾这样说过。

俗话说:“智者千虑必有一失,愚者千虑必有一得。”所以,沟通才让人增长智慧。同时,要疏导和协调团队内部的分歧和隔阂,必须进行沟通,才形成共同的认识而增强凝聚力和行动的方向。沟通是一切工作得以顺利展开的必要方式。为拓开眼界和视野,为增强企业发展战略的判断力,创业者需要经常进行与别的企业家、专家学者、媒体、政府等进行横向沟通,同时更需要公司进行内部团队沟通。通过沟通,可以获取信息,进而作出分析,找出解决方案。《一百度》29 条军规中的“你不是孤军”、“主动分享”、“打破部门樊篱”等指的就是沟通与协同。

第二,结果导向。

量化是指以“量”来作为考量工作效率的管理方法。具体指的是提出“量”的目标,执行要达到“量”的结果。量化主要包括三个方面的要素,即时量、数量和质量。“时量”主要是指完成工作的时间量;“数量”是指完成工作的数量。“质量”是指完成工作的标准。三者相互依存,如果其中一个指标脱节,势必影响到工作的结果。目前,它已经成为大多数企业管理系统的一种基本管理方法。

“兵贵神速”。速度是制胜的法宝,效率是一切工作的灵魂。创业型公司组织架构相对精简,各项反应机制相对灵活敏捷,同时员工也是干练迅捷的。一个决策的执行,对于创业型公司来说,需要快速简约,水到渠成,不宜在很多部门和会议等环节中相互消耗,拖沓冗长。赚钱是企业运作的根本目的,只有改进技术,增强企业自主创新能力,缩减成本,提升资本的运作效率,才能提高企业的经济效益。同时,效益提高了,企业将拥有更为雄厚的资金,以应对各种各样的危机。所以,效益是创业者考虑的首要因素。

只有提高效率,强化执行力,才能有效地推进业务的开展,从而得到好的结果。

第五篇

一将难求

在人力资源管理领域有一个赫赫有名的段子：比尔·盖茨和博尔默一直致力于发现和吸引业界精英人才，而且亲自参与招聘工作。他对属下说，微软现在公司股价在市场上值上千亿，投资人下这些钱，相信我们值这么多。但你看，如果把我们的公司大楼、计算机、办公设备等不动产全部卖了，也得不了几个钱。剩下值上个几千亿的就是我们这些人了。如果我们请不到最好的员工队伍，公司的价值将会不断下降。投资人可不想看这个！无论你在干什么，招聘工作一到，把其他事都推掉。可见，在一个公司里，最有价值的就是人，而不是那些电脑等机器设备。在企业五大核心竞争力（资金＋技术＋市场＋品牌＋人才团队）之中，人才应该排在第一位。很简单，因为有人才，还怕什么做不到？

百度是一个技术型的公司。李彦宏非常重视技术人才队伍的建设。他表示，公司中最有价值的就是人，如百度创业之初将地址设立在北大附近也是从引进人才方面来考虑。在步入正轨后，百度每年会从各知名高校中招聘应届毕业生来充实自己的队伍。自从2005年起，百度每年5月份都会举行一次“程序设计大赛”，一方面提高百度的知名度和对技术人员的吸引力，另一方面也是为百度发现和吸收人才创造条件。而对于高端人才，李彦宏甚至可以用“求贤若渴、虚位以待”来形容。

人才尤其是稀有的高端人才对公司的发展价值是不可估量的。物以稀为贵，技术含量越高的领域，人才就越少，这方面的人才也相对短缺而可贵。有些人才，可遇而不可求。在人才观上，李彦宏可谓是“不拘一格降人才”。无论是通过校园招聘途径还是通过猎头公司或者自己物色，只要是符合自己的人才观的，李彦宏都会乐于吸收，而对于那些高端的少有的人才，李彦宏更是求之不得，有时甚至望眼欲穿，三顾茅庐。2006 年 10 月，刘建国从百度离职，百度首席技术官这个位置空闲了两年，李彦宏多方物色，没有找到合适人选，最后才选定原华为副总裁李一男先生，后者在 2008 年 10 月就任百度首席技术官，直接对李彦宏负责。对于李一男加盟对百度的意义，李彦宏在 2008 年 12 月接受《重庆商报》采访的时候是这样说的，“经营管理人才容易找到，但是技术创新天才永远无法复制。就像微软有了新总裁史迪夫·博尔默，但是比尔·盖茨只有一个。”现任百度市场和品牌总监朱光原来在联想上班，至于朱光原本在联想干得好好的，为什么后来却加盟百度？原来这里面有个“三顾茅庐”的故事，所谓“精诚所至，金石为开”，朱光那磐石之心最后被李彦宏爱才如命的诚意所融化而被百度俘虏了。

百度为什么能够在创办的早期招到比如刘建国、雷鸣等技术高手？又怎样使一个谭姓技术员放弃读博士的机会而将青春留在百度？李彦宏又是如何说动了自己在 Infoseek 的老板威廉·张来到百度出任首席科学家，再后来又吸引了李一男这样的技术天才加盟？那是因为百度的股权激励设置和宽松的企业文化，他们有的认为在百度可以锻炼自己，提升自己，有的认为百度可以成为自己的一个发展平台。同时，他们也看中百度在中文领域里有些优势，因为在当时的市场环境下，百度的竞争对手不多。百度创办 10 年来，一共有了 7000 多人先后加盟百度，他们看到的是在百度的成长空间。而他们当中的大多数也已经获得了自己满意的回报。

所谓“千军易得，一将难求”。百度之所以能够在市场上呼风唤雨，除了李彦宏的个人领导之外，与其人才团队的兵强马壮息息相关。

第九章

将为军胆——让狮子带领团队

拿破仑曾经说过："一只狮子率领的一群绵羊的队伍，可以打败一只绵羊带领的一群狮子的队伍。"这句话的意思是，一个指挥官的优劣可以决定一支军队的命运，另一层更重要的含义是一个优秀的指挥官能把一支平庸的队伍调教成一个富有战斗力的队伍，反之亦然。同样在中国也有"将为军胆"，"兵熊熊一个，将熊熊一窝"的类似说法。可见对于杰出的团队领导人对团队的促进，无论中外的结论都是一样的。

当然拿破仑讲的这个故事只是一个寓言，在现实中，一群"绵羊"要取得胜利，最终还要让"绵羊"在"狮子"的代理下也变成"狮子"。在百度创业初期，当时刘建国的加盟和所起到的作用就很说明问题，虽然条件艰苦，李彦宏还是费尽心思，说动了当时国内最顶尖的搜索引擎专家刘建国加盟，有了刘建国在"天网"研发的经验，再加上李彦宏在顶尖搜索引擎公司的实践，百度的第一批员工从实习生迅速成长为搜索引擎行业的权威，并奠定了百度在中文搜索上的优势，所以才会有刘建国离职时，我们所听到的百度宣告自己在中文搜索优势上的那句话："在三五年内，不会有哪家公司能对百度的技术构成真正的挑战，百度的技术优势应该没有悬念。"

正是因为如此，李彦宏才会定下了“永远找最优秀的人才”的用人原则。如李彦宏所说，“我一直在花时间寻找最优秀的人才，我得花时间跟他们在一起，花时间去劝说他们，去告诉他们，百度是他们施展才能的最好的舞台。”在推出竞价排名、从幕后走向前台时找来了在渠道管理方面富有经验的朱洪波，在上市前找到最优秀的财务管理专家王湛生，两人分别为百度建立了完善的渠道体系和财务、内审制度，为百度立下了汗马功劳。当刘建国、王湛生等一批高管因为各种原因离任，没有找到最优秀的人才前，李彦宏宁愿让这些重要岗位空置着，而不愿降低标准，百度的 CTO 和 COO 也为此空置了两年之久，才有了李一男和叶明的加盟。而无论此时百度的现有管理团队，还是这些新的继任者，无一例外都是业内顶尖人士。

李彦宏对最顶尖人才的渴求，还与百度的“学习型组织”的环境有很大关系。学习型组织关注知识管理的建设，也需要技术因素的支持，这一切与百度的特点是吻合的。而百度在企业建设中也提倡建立学习型组织，从组织架构、文化和人力资源方面进行不断的优化。在这种环境下，选择最优秀的人才，有助于提高整个团队的视野和水平。

在高管任命上，李彦宏的策略是“严进宽出”，在找人的时候非常严格和苛刻，但是一旦选中了某个人，他会给其一定的空间，“每一个向我汇报的人，他自身的权力都非常大”。这与李彦宏的放权式管理有着很大关系，也让这些团队的领导者能按自己的想法来带领团队，让团队实现从“绵羊”到“狮子”的飞跃。

案例 1 · 李一男加盟百度成就“宁缺毋滥”的用人佳话

李彦宏曾经对外说过：“我的理念一直是找比我厉害的人，找业界最强的人。

每一个位置空出来，我马上就想，如果说全世界的人随便我挑，我会让谁来做这个位置？想好后，我就去找这个人，看他能不能来。如果由于各种原因，不能来，我就再去找下一个，直到找到合适的人为止。所以，百度能够发展到今天，找对了人是一大重要保证。"

在百度组建人才团队过程中，这句话最好地印证在李一男身上。

2006年2月6日晚21点，百度提升"百度第一员工"——刘建国为公司首席技术官(CTO)。2006年10月24日，刘建国正式提出辞呈，当年年底正式离开百度。此后的两年时间，百度首席技术官位置空闲着，直到2008年10月李一男的加盟，才真正地填补了这个空缺。此前虽然有传闻说威廉·张将接替刘建国的位置，但是百度首席技术官的这个位置，唯有李一男才具有资格。

据说，自从刘建国离职之后，李彦宏也一直在物色和寻找相关的人选，可是他遍地搜寻整个行业，没有一个能够进入他的法眼，经过一年多的摸索，最后才将目光落在李一男身上。因此，在寻找人才方面，李彦宏可谓求贤若渴，用心良苦。

1993年6月，李一男从华中理工大学(现在的华中科技大学)毕业后进入华为。在华为，李一男连升五级，平步青云。短短两年时间，就从普通员工升任华为工程师——主任工程师——中央研究部副总经理——公司总工程师/中央研究部总裁——华为公司副总裁。2000年，李一男从华为离职，到北京创建港湾网络。六年后，港湾网络被华为收购，李一男重新回归华为，仍然任副总裁，又添加了一个首席电信科学家头衔。2007年12月，又被任为华为终端公司副总裁。

2007年春夏以后，百度进入了上市以来高层团队的急剧震荡。2007年3月，梁冬离职；4月，朱洪波离职，12月，王湛生在海南游泳时意外去世。因而可以说，在2007年到2008年，如何重新构造百度的高层核心团队，为百度的长期发展注入鲜活血液，已经成为了当时李彦宏战略中的头等大事。而对于刘建国留下的这个百度首席技术官继任者的物色和期望，更是李彦宏殚精竭虑的。最后，经过了两年的踏破铁鞋，终于找来了华为的技术天才李一男。在对李一男加盟的当时，李彦宏曾这样评价他："百度对 CTO 的要求非常高，在全球范围内，可以做百度 CTO 的人选不超过三个人，李一男是其中之一。"可见恳切的伯乐之心。

2008 年 3、4 月份，李昕晳、叶朋相继加盟百度。前者接替王湛生任首席财务官；后者接替朱洪波任首席运营官。此后，对于技术团队的重构也在快马加鞭当中，2008 年 8 月以后，从 51. com 引进邵辉担任技术部总监，晋升陈韫敏为技术部副总监。

对于刘建国留下的这个位置，在经过长时间的考量后，李彦宏看准了李一男。据《李彦宏的百度世界》记载，那时李一男住在北京，在面谈之前，李彦宏先派一百度高层去见李一男，先进行一下摸底，也试探一下对方的意愿。这一高层对李一男印象不错，碰巧的是，百度此意正好投合了李一男的心思。于是，在 2008 年 8 月的某一天，李彦宏和李一男在百度理想国际大厦的"满江红"会议室开始了长达两个半小时的秘密会谈。谈话的内容自然就是一个企业的领导者为了引进一个非常重要而关键的技术官而交流和沟通的惯常话题。这次秘密会谈后，李彦宏如释重负，将一块久压在心头两年了的石头放了下来，他因此隐约地看到百度技术团队研发的美好未来。虽然过去李一男一直驰骋于电信行业，俗话说，"隔行如隔山"，对于互联网缺乏实际经验的李一男能否适应，李彦宏还是有点顾虑的。但是经过这么一深入接触，李彦宏终于增强了信心。因为，李一男是个技术天才，有着超强的快速学习和适应能力，那么跨行业后迅速进入主要角色对于李一男来说是没有难题的。况且，李一男在华为带领过 5000 人的研发团队。这几年来，百度随着业务开展的加快而需要扩充更为庞大的技术团队，就目前整个行业来说，只有李一男这样的知名度和权威技术才能管理和带领好百度的技术团队。据说，百度推行的是工程师文化，李彦宏下面的那些技术人才都很牛逼哄哄，有些合作伙伴反映百度这些技术人员从来都是不主动到伙伴那里谈判，而是让伙伴到他们百度办公室去谈判。诸如这样牛逼和傲气的百度技术团队只有李一男才可以压住阵脚，才可以管得住他们。因而，这次秘密会谈之后，一切都可以确定下来了。于是，会谈之后不久，李一男到华为辞去副总裁职务。10月，便正式加盟百度。

2008年10月6日下午，李彦宏发布了内部邮件。邮件称："我很高兴向大家宣布，董事会已经任命李一男先生为百度公司首席技术官(CTO)，任期从2008年10月6日起正式生效。即日起公司首席科学家Dr. William Chang、产品副总裁俞军、高级技术总监郭耽、高级技术总监崔珊珊，向李一男先生汇报工作，李一男向我汇报。李一男先生是中国自主创新科学技术领域的顶尖专家，在全球领先的技术公司拥有杰出的管理经验。我相信，李一男先生的加盟，将带领百度的产品技术团队攀上新的高峰。"李一男加盟百度后，李彦宏寄予很高的厚望。在百度的技术团队里，李一男居于一人之下，千人之上。

据悉，李一男性格有些犟，在刚进入百度不久后便初露锋芒。在日后百度的工作中，李一男主要领导技术团队进行技术项目研发，比较著名的有框计算理念下的阿拉丁平台项目，凤巢系统的研发和推进工作以及无线搜索相关技术研发。2008年12月初，李彦宏和李一男等共同出席了百度上海研发中心的揭牌仪式，也都就此做了相关的发言。李彦宏自信地向外界解释了"暗网"的概念，当然也相信李一男能够将这一项目顺利推进下去。2009年4月，百度阿拉丁平台的第一款产品上线测试，几乎同一时间百度凤巢也上线测试。由此观之，在李一男任首席技术官的这段时间里，百度在技术研发上还是取得了一定的进展。

令大多数人没有想到的是，2010年1月18日，李一男从百度离职。据报道，李一男在给《21世纪经济报道》记者的短信中这样表述："百度是一个简单可依赖的环境，有着优越的商业模式和创新宽松的企业文化，我也觉得过去和其他同事工作得非常开心。”对于离职的原因，李一男和李彦宏都希望保持低调，无意向外界透露。可见，李一男在百度期间应该已经获得了发挥才能的空间，他对百度工作感到开心。由此，也可以映射李彦宏对人才的珍惜。

案例 2 · 七顾茅庐请朱光

在李彦宏“两年等一人”的经典案例中，除了李一男之外还有一人，他就是朱光。

2008 年 11 月 17 日，央视曝光了涉嫌推广大量虚假信息的竞价排名商业模式，由此一股空前高涨的“竞价门”卷入了社会舆论的风口浪尖。此前，百度的“三鹿奶粉门”已经成为众矢之的。以汶川地震和奥运精神等为主要标志，中华民族的心灵正在经历巨大震荡激越的惊天动地的 2008 年，百度却陷入了由于负面影响不断而极度的低沉与苦恼之中。

令人意外的是，百度笔锋一转，一反向来沉静、低调而隐蔽的姿态，李彦宏高调亮相 2009 年春晚，为几乎处于低迷的百度形象所做的华丽转身做了很好的铺垫。联想到竞价排名后百度的一系列动作，我们不难发现，这次匠心独运的公关杰作，乃是刚刚加盟的朱光为李彦宏送上的一份厚礼。

朱光早年毕业于西安交通大学，1998 年加入联想。2002 年开始，在朱光的带领下，联想集团的公关团队展开了不断的探索创新，进行联想品牌标志的切换。后来，通过策划使得联想成为奥运的合作伙伴以及有效地树立了新联想的跨国公司形象。2007、2008 年为联想集团围绕奥运主题成功展开了一系列营销活动，在业界闻名遐迩。在加盟百度前，朱光为联想大中华区原市场负责人，2008 年 12 月 30

日，朱光正式加盟百度，出任市场与公关高级总监。

朱光在百度的才华初露，不禁让人回忆起百度如何得到朱光的艰难。

据说行业内有这样一个说法，“百度的公关总监是最难当的”。我们所熟悉的原百度副总裁、前凤凰卫视的节目主持人梁冬是百度的第五个品牌总监，梁冬加盟后也有一系列令人眼前一亮的表现，例如在百度上市的关键环节上，梁冬为“百度更懂中文”这一品牌诉求的主题进行了非常到位的策划，在百度上市的招股说明书封面上更是拿出了中文“我”字有38种写法的优秀创意，他还将“百度更懂中文”和“有问题，百度一下”的搜索观念日益深入人心，他将“百度”一词从名词变为了动词，为百度品牌的提升作出了很大的贡献。

但是进入2006年，百度的品牌口碑和媒体公关却蒙受了层层阴影，也遇到了很多令人寝食难安的羁绊和麻烦，这是李彦宏非常不想看到的。2006年10月，任旭阳开始接手梁冬兼管公关部，而梁冬则转任百度创意品牌副总裁。

任旭阳正式接手百度公关工作后，他深知自己在这方面经验的不足，于是虚心请教各路高手。在专业人士的指点下，他从国内企业里筛选出了5家此时品牌传播做得最好的企业——联想、华为、平安、万科、蒙牛，其中，联想又是这5家里品牌传播做得最优秀的。所以，任旭阳决定向联想的公关总监请教。

朱光是联想集团的品牌和公关方面的功臣，他的努力对联想集团这几年来品牌的提升具有桥梁性作用。2006年10月中旬，也就是在接手梁冬后的10来天时间后，任旭阳请朱光吃饭，开始认识和接触大名鼎鼎的朱光。就是这样短短的一场饭局，任旭阳发现，朱光果然名不虚传，对IT企业，尤其互联网企业的品牌传播的见解非常深刻。在任旭阳看来，百度正缺乏像朱光这样的人才，百度的公关总监的位置好像是为朱光预先安排好的。但由于是初次见面，任旭阳觉得时机未到，所以并没有提出这个想法。一个月后，任旭阳再次请朱光吃饭，这次，任旭阳开门见山地邀请朱光加盟百度，但遭到了朱光明确的拒绝。

2006 年 11 月 17 日，李彦宏邀请百度所有总监去他家里开生日 party，唯独任旭阳没有出席。原来，任旭阳又去找朱光了，有了前几次见面，此时两人已经很熟了，席间开怀畅饮，相谈甚欢，喝光了一瓶五粮液。就在喝得正欢的时候，任旭阳再次提出诚恳的邀请，可朱光又一次拒绝了。

此仅仅从这两次几次交往过程来看，为联想品牌作出丰功伟绩贡献的朱光，在内地企业有着极高声誉，而且对于联想企业具有高度的归属感和近乎宗教般的忠诚，或者说对于联想已经建立深厚的感情。此时，在任旭阳看来，朱光对于联想如此的死心塌地，纵使是威逼利诱还是死缠烂打，几乎都是风雨不动安如山了。

其实，虽然被任旭阳的诚心有所感动，但是当时朱光在联想承载着联想高层太多太多的厚望和期待。那时，距离朱光被提拔为联想高级公关总监才一年时间。联想集团大中华区 2006 年第三季度获得了 17% 的增长，综合营业额达到 16 亿美元(市场份额达到 36.2%)，占整个联想集团的 40%；港澳台地区也取得了不俗业绩，因此，联想集团决定提拔大中华区与港澳台地区的两位公关总监为高级公关总监，朱光就是这个时候被提拔为高级公关总监的，但是，朱光被提拔还有个前提条件——联想集团大中华区当年要增加两个亿的销售额。联想集团大中华区总裁陈绍鹏非常欣赏朱光，接受了这个条件。因此，身负众望的朱光不能说走就走，拒绝任旭阳的邀请顺理成章。

于是，任旭阳只好先物色其他人选，但是同时并没有彻底放弃朱光，而是经常联系，在接下来的两年里，几乎每隔几个月就见一面，没有中断和朱光的接触。还是以诚心来感动，“精诚所至，金石为开”。人是怕被感动的，一旦感动之后，所有的本质都被融化掉。但是，一直忙活了几个月，也没有找到合适的。任旭阳只得暂时兼任百度公关总监。对于朱光的背景以及自己与朱光谈的经过，任旭阳都通过邮件给李彦宏进行了沟通，李彦宏也对朱光比较认可。

经过近两年的接触，2008年7月，任旭阳与朱光已经成为了高度信任的好朋友。这样一来，任旭阳觉得再次进攻的时机已经成熟了，因此再次对朱光发出邀请。但朱光此时觉得，百度的品牌早已走出了2006年的阴影，进入了良性上升的轨道，他过去后也没有太多事情可做，也没有太大的发展空间，对于缺乏挑战性的工作，所以他不太感兴趣。可是任旭阳进一步切入，他说互联网属于新媒体产业，在客户、用户与产品等方面，与传统产业不同，需要高超营销能力和市场公关挑战，更何况百度的国际化战略才刚刚开启，虽然百度此时品牌知名度与美誉度都还不错，但要做的事情还有很多。这次，朱光有点松动了。

7月里，任旭阳先后找了朱光两次，朱光对任旭阳的再三邀请拒绝得不那么坚决了。7月底，经过任旭阳的精心安排，李彦宏与朱光吃了一次饭，谈话非常投机，李彦宏对朱光非常满意，也非常欣赏，他觉得这是他慕名已久的人才。2008年8月底，朱光正式回复任旭阳，愿意加盟百度。百度很快安排了人力资源部与朱光接洽，一周后，朱光提出的所有条件百度全部接受了。但是，朱光提出，要在自己负责的联想奥运项目全部完成后才能正式加盟百度。

签约百度后，朱光开始找机会向联想集团大中华区总裁陈绍鹏等领导提出辞职。就在这个时候，2008年11月的一天，陈绍鹏先找到了朱光。据悉，当时朱光刚进陈绍鹏的办公室的时候，就被要求签署一份保密协议。随后，陈绍鹏拿出了一份联想集团管理架构大调整安排表的机密文件，上面显示，陈绍鹏即将就任联想亚太区负责人。这意味一旦陈绍鹏升迁，深受陈绍鹏赏识的朱光，也将随之升迁，前途无量。面对即将在联想飞黄腾达的升迁，面对一直信任自己、赏识自己的老上级，朱光先生陷入了左右为难的境地。就在这个关键的时候，任旭阳又出现了。最后，朱光终于下决心离开那他难以割舍的联想。

2008 年 11 月 17 日，关于百度竞价排名涉嫌虚假医药信息广告，央视进行了曝光。第 2 天，任旭阳第一时间给朱光电话。他担心百度遭遇如此大规模的负面报道，朱光是否还会来百度。朱光在电话里请任旭阳转告李彦宏，“别说百度的股票跌去了一半，即使跌到了一分钱，我也要去百度。我把自己去百度当做给 Robin 的一个生日礼物吧！”据说，听罢这样的话，任旭阳的眼泪都下来了。

几天后，朱光正式辞职，陈绍鹏非常惊讶，其实他已经给他规划好了以后的职业生涯。陈绍鹏苦口婆心劝说了两个小时，可是朱光之心已经被百度俘虏了。2008 年 12 月底，朱光正式就任百度市场与公关总监，此时距离任旭阳第一次去见朱光，已经过去了两年。此后朱光针对百度品牌陷入低谷的现状，制定了一系列品牌推广活动。朱光策划了当年被众多百度高管认为百度有史以来最成功的一次年会。随后，朱光启动过去在联想时候早就建好了的人脉关系，又使百度挤进了央视的春节联欢晚会，让百度以一个全新的形象出现在全球华人的面前。

案例 3 · 选择最好的财务官

曾有一个上市公司老板这样说道：“李彦宏了不起——我招人，眼睛最多盯着中国，不会想到全世界，可李彦宏挑人才，一开始便站在全球高度上了。”事实的确如此，正因为李彦宏全球选才的理念，使百度能够引进全球范围内最高端的优秀人才。

除了技术人才，市场公关和品牌人才，以及市场运营人才等，在财务人才方面李彦宏也非常讲究。2004 年 9 月担任百度公司首席财务官的王湛生就是一个例子。

王湛生在百度的上市，百度的财务、法务以及人力资源方面都作出过卓有成效的贡献。《百度的那些人和事》这样写道，“有一个人，他的到来标志着百度达到了高潮，而他的突然逝去又是百度走向衰退的分水岭。这个人就是王湛生。”我们当然很难说百度在2008年以后的发展到底是衰退还是上升了，但是从这里可以反映王湛生对于百度的巨大影响力。我们不妨这样设想，如果没有王湛生，百度2005年是否会如期成功登陆纳斯达克。

2004年初，李彦宏希望百度建立一套严格的透明的财务体制，建立起健全的财务会计师审核制度，为百度纳斯达克上市做准备。他需要一个很好的财务官CFO，便委托全球最顶尖的猎头公司海德思哲在全球范围内为百度物色。

那时找来了很多人，可是经过李彦宏一轮又一轮的面试，李彦宏都不满意。《一百度》这样叙述道：“直到有一天，当时是普华永道亚洲合作人的王湛生出现在Robin面前，在谈了两个小时后，Robin意识到这个人便是当时百度能在业内找到的最好的人选。因为这个人不仅财务好，而且年轻，又是个网虫。他看到互联网的前景，也知道搜索引擎价值的所在，更为难得的是，还是个非常富于创造力和激情的人。那天王湛生急着要去赶飞机，所以两个人匆匆道别。他刚出门，猎头公司的人打来电话，兴奋地对Robin说：‘我们又找到几个候选人向你推荐，什么时候有空可以安排见面。’李彦宏笑了笑说，‘后面的不用再找了，因为我已经找到了最好的CFO。’”

加入百度之后，王湛生曾经给《缤纷海归——百位海归谈事业与人生》一书撰写了一篇文章，文中有这样的语气：“加入百度是一件幸事，这里有一大群和我一样有海归经历、一样想法的年轻人，包括公司的首席执行官李彦宏。如果不回国，李彦宏可能会成为美国互联网领域一个出色的工程师，而我也很可能只是一个成功的会计师或金融顾问。但我们都以自己的方式，殊途同归回到祖国，回到百度，用自己的才智实践着梦想。百度从创立发展到今天，在短短7年的时间里，从一个几个人的小公司，变成了今天汇集了近五千名充满理想和激情的年轻人，服务着数以亿计的中国网民，以自己的智慧和努力，与世界上一些最强大的竞争者比产品、比技术、比智慧的知名公司，它身上维系着我们浓浓的中国情结……作为百度CFO，除了日常的管理工作，我几乎每个季度都要穿梭于全球各个重要城市之间，跟投资人讲中国的发展、百度成功的未来，这个工作虽然辛苦，我体会更多的是实现和满足。但同时我深知，这份成就感不仅仅是个人努力的所得，还有许多的是我们生逢其时的幸运。"从王湛生无限的感慨中可以窥见李彦宏给予的极大的支持和关怀。

"人以国士待我，我必以国士报之。"王湛生用自己的行动对这句话做了最好的注解。从普华永道的合伙人到百度的首席财务官，王湛生完成了从一个旁观者到运作者的转变，在他看来，过去自己虽然有许多企业客户，但往往都是针对某一问题提供解决的方案，而企业运营深入的程度和涉及面都要比做咨询公司要复杂得多。不过王湛生抓住了做好CFO的关键点——财务与资本的战略思维，而这恰恰是王湛生的优势。

进入百度后，王湛生做的第一件事就是看公司的收入来源，弄清楚百度的收入结构和业务流程。在此基础上，王湛生将公司的财务状况用自己的标准化工作流程进行改造后，向更高的层次反馈，通过财务信息来指导公司的业务发展。从这个意义上说，把王湛生比为李彦宏的"军师"并不为过。

王湛生是幸运的。百度本身就是按照西方现代商业管理理念组建的一家公司，在硅谷文化熏陶成长起来的创始人李彦宏的思维开放，给予了王湛生足够的空间和支持，为王湛生大展身手提供了可能。而李彦宏更是幸运的，正是有了王湛生为他打理财政，才为百度的高速增长提供了源源不断的动力。

在王湛生加入百度之时，当时的百度还没有进入上市准备期，但王湛生就积极推动百度的内控制度改革，按照美国对上市公司要求的《萨班斯—奥克斯利法案》

进行改造。这一法案的要求十分苛刻，即使美国公司执行起来也会有一定难度，因此美国对境外上市公司要求在 2007 年通过即可，但百度在 2004 年就开始对此进行了准备，为了严格完成这项制度，百度要求每一个业务部门都必须参与，每个参与人奖金的一部分必须要根据他的项目划分。这让所有的部门充分了解了内部控制的重要性和规范性，降低了在经营管理方面发生问题的可能。

王湛生在一次访问中曾经提到，自己其实既不懂法律，也不了解内控。但他的经验能够告诉他，哪些东西对百度至关重要，然后利用自己过去的人脉关系，找到合适的人帮百度解决这些问题。在王湛生到百度后新设立了三个部门：内部风险控制部、法律部和合同管理部，除此之外，王湛生还充分借助“外脑”帮助百度，例如在法律事务方面，就有 8 家律师事务所在帮百度处理相关的问题。在百度成功的背后，实际上是有着王湛生的诸多努力，以及以他为中心的、很多全球最优秀的专家的支持。

与资本市场打交道是 CFO 的最重要工作之一，在百度上市的推动上，王湛生的作用尤为明显。作为一个从美国、欧洲、亚洲资本市场走过来的人，他很清楚国内的 CFO 们在美国资本市场的短板，也明白国内的 CFO 应该用中国的长板去吸引美国的投资人。在百度上市前后，他与投资者充分地沟通，让投资者认为百度是一个很值得去投资的公司。百度后来不但打破了中国公司到美国上市要打折的“惯例”，而且创造了中国公司在美国上市的奇迹——按百度上市当天的股价计算，其市盈率近 2000 倍。百度在资本市场上有这样的突出表现，可以说王湛生居功至伟。

百度的王湛生时代，是一个百度的强盛时代，王湛生成为百度强盛的代名词。王湛生在任职期间，百度业务增长数十倍，市值从 2 亿美元增至 2007 年 12 月的 130 亿美元。有杂志将王湛生评为 2005 年度最杰出首席财务官。王湛生也是持股仅次于李彦宏的百度高管。

王湛生对百度的贡献，不看他如何进行百度财务内审制度的构建以及对上市所做的推动作用，单单看他在记者采访中的表现，也就足以发现他卓绝的能力和风格。在2007年8月的“百度世界”大会上，百度CFO王湛生接受了《上海证券报》记者的采访，当就公司估值及市场前景等问题做了如下的回答：

“对百度的估值其实对海外的分析师不是一件很容易的事情。因为百度给投资分析师的信息相对比较少，之所以这样做，是因为我们不希望华尔街对我们指手画脚。因为在百度看来，中国的搜索引擎市场还处于初期阶段，我们要为自己创造一良好的环境。此前，国内一些在海外上市的互联网公司就吃过这个苦头。一些中国的互联网的老总曾表示，在过去的几年公司运营不佳是因为华尔街乱指挥的结果。”为了百度的利益，王湛生敢说敢做，展示了百度高层极强的坚定和信念。

2007年，王湛生在海南度假时意外身亡，百度痛失一个坚强的内务官，李彦宏更是痛失一个左右手。但是JP摩根分析师在投资者报告中称，“因为王湛生已为百度建立起了一个稳固的财务、法律和人力资源部门基础架构，因此他的意外身亡对公司的影响并不大。此外，百度的日常运营由多位不同的副总裁负责，该公司相对于竞争对手的技术和品牌知名度优势并没有发生变化。”可见王湛生给继任者李昕晢留下了很好的基础。

本章启示

让最好的人才做到人尽其用

人才对于公司发展的意义尽人皆知，但是如何找到人才、留住人才才是公司能持续发展的重要因素。当你刚创立一个公司的时候，你想得到优秀人才的加盟。可是，人家是人才，水往低处流，人往高处走，高处流，人家凭什么要加盟你的公司？有时候，见到人才在那里，却请不动他。可见，要找到优秀的人才来为你献力，可是如何去找？怎么办？——百度做了几件事：第一，夯实基础。全力巩固资金、技术和商业模式、市场情景等条件。如果已经创了业，就提升公司品牌，改善企业文化和管理模式，寻求更优化的商业模式。第二，亮出你的企业理念和人才观，解读你公司成为发展平台的原因等。第三，对于优秀的人才，在他们为公司作出贡献的时候，要给予他们相应的回报，如薪酬和职位的提升、股权和期权等。

对于顶尖人才的使用，百度有以下经验：

第一，选择最优秀的人才。

选择人才有不同的标准，每个公司都有自己的人才观，这和创始人的个性有关系，但是真正的规范和先进企业的人才观不应该和创始人有直接关系，它的人才观是依据公司发展阶段和发展的程度来决定。一般说来，能力和品性是所有公司普遍考查的两个因素。而且，虽然这两个因素都具备也是不够的。理念的认同是更为重要的因素。只有认同了创始人或者公司的理念，员工才会在服务期间兢兢业业，全力以赴地为公司创造价值。

永远找最优秀的人才，这是李彦宏最重要最基本的用人原则。在百度建立初期，他引进了刘建国等一批顶尖的技术专家，2004 年又找来了最优秀的财务管理专家王湛生。2006 年刘建国离职，2007 年底王湛生意外去世，由此没有找到最优秀的人才前，李彦宏宁愿让这些重要岗位空置着，而不愿降低标准。直到 2008 年 10 月，空置了两年的百度首席技术官在找到李一男后才选用，2008 年 3 月找到了新的 CFO 李昕晢。可见，李彦宏对人才要求是非常高的，只有找到他眼里最好的才用上，否则宁缺毋滥。由此而带给企业管理者一些启示，招人一定要招最好的。

第二，充分发挥领头羊的作用。

仍然套用羊群的比喻，在企业中每个团队的领导者可以用“领头羊”来形容。在羊群中“领头羊”很重要，这不仅仅是因为领头羊要随时调整路线以确保前进方向的正确性，更是因为，“领头羊”需要发挥它的领导作用，它身先士卒，路上有陷阱，它会第一个掉下去，前面有岔路，它会凭经验作选择，它是最危险的，但也是最有威望的。

在百度早期的高管中，刘建国、王湛生、朱洪波、梁冬等人都可谓合格的“领头羊”。刘建国帮助百度确立了对Google在中文搜索上的优势，王湛生推动了百度上市的步伐，朱洪波使得百度的渠道规范化，梁冬在百度的对外宣传上居功至伟……在他们因为种种原因而先后离开百度后，百度仍然能在这些领域保持良好的自循环，“领头羊”功不可没。

好的“领头羊”可以在业务、管理、创新、激励等方面带动团队，形成“领头羊效应”。“领头羊”的诞生，除了从外部的引进，更多应该是从羊群中通过优胜劣汰自我竞争脱颖而出现的。这样诞生的“领头羊”，不仅具有天然的崇高威望，是“权”和“威”两者自然合一的，也更符合市场的需要，避免了盲目引进人才而不能人尽其用。

第十章

与日俱进——完善的人才培养体系

2007年10月，李彦宏到南京大学招聘人才，同时进行了招聘演讲。他表示，公司中最有价值的就是人。他这样说："为什么我最近每次都要参加招聘活动呢？因为我觉得这个活动对于百度来说，是一个非常重要的一个活动。因为我们这样的公司，或者说是互联网公司，最有价值的就是人。你想，我们的办公室、服务器会折旧，三年后，在财务意义上就一分钱也不值了。但一个公司，始终在增值的就是公司的每一位员工。作为一个技术型公司，技术人员对我们来说是最重要的。技术人员从哪里来？主要是靠应届生。多年的实践经验，证明从学校里招应届生，对于我们是最正确的方法。优秀的应届生有很优秀的素质，很扎实的基础知识，有很高的技能。他们希望自己做的东西能够影响很多很多人。"这句话反映了两个含义：第一，对于百度来说，人才是百度持续发展、成为一家伟大公司的保证。第二，百度所需要的最重要的人才，不是靠从其他公司挖角而来，而是通过自己在多年实践中建立的一套方法，让这些如同白纸一样干净的应届毕业生们迅速成长成为自己所需要的人才。

在人才的使用上，百度也有着自己的灵活性。在几年前，由于搜索引擎在中国仍然属于新兴事物，社会上并没有很多具有搜索引擎经验的人才，因此百度从社会上招真正做搜索引擎专业的人比例很小，而把更多精力放在自主培养人才上。在百度上市后，百度有足够的资源去培养所需要的专业人才，因此这也成为百度一贯的人才策略，但是在其他的互联网行业做高端的研究和技术开发的人才，如果能够很快适应这个环境，这类人才也在百度的搜索范围之中。可见，百度的用人标准在于是否具备一定的适应性和成长性，经过数年的发展，百度在如何提升人才技能、促进人才成长方面已经有了丰富的经验。

百度在用人过程中一向注意招聘“搜索狂人”，这最早是对俞军的称呼，在他加入百度后，他对工作的敬业和痴迷为他博得了这一“雅号”。在他之后同样还有孙云丰、李明远等“搜索狂人”，如何利用这些“搜索狂人”的热情、挖掘他们的潜力，百度为此做了不少工作。此外，除了仔细遴选“足够聪明、与企业价值观一致”的员工之外，其中最重要的是对员工的充分授权，让员工在实战中得到磨炼。这也是百度“实习生文化”的最重要的内容，鼓励哪怕是实习生的每一个人都能充分发挥自己的主观能动性，挑战自己的未知领域，提升自己的能力。同时为了避免这种知识和经验获取方式的“野路子化”，百度还建立了“百度学院”，有体系地进行人才培养。

可以说，百度是国内在人才培养上成效最为显著的互联网公司之一，百度上市以来股票价值的增长，除了市场和收入的增长外，更多的来自于有效的人才培养，使得公司的每一位员工都在增值，进而反映在公司价值的提升上，取得了共赢的结果。

案例1·实习生文化下的用人之道

在李彦宏“找最好的人才”的思想指导下，百度引进了一批优秀的高级人才，组成了百度令人羡慕的“梦幻阵容”。但俗话说得好，红花还要绿叶配，在百度的人才体系中，除了团队的领军人物外，还需要一大批在第一线工作的人才，才能组成有战斗力的团队。

百度在组建团队时的“选人”与寻找团队领导人又略有不同。一般来说，对于那些通用类的技能职位，如市场、公关、会计等每个公司都相通的岗位，百度会充分利用市场，大胆挖人；但是那些技术、产品等专业性质较强的位置，百度通常是从内部培养和提拔，这就像从自家后院里拔萝卜一样，熟悉可靠。

这种情况的出现或许与百度早期的发展经历有关。创业之初，一无经验二无名气三无资金的百度很难从市场上招到他们看中的人才，据说李彦宏曾经想在硅谷招聘一名工程师，人家一了解情况，不来。后来又想从 IBM 挖一个人，人家也不愿意来。

创业初期人才的缺乏，使得百度只能想其他方法来解决问题。在百度第一批员工中，除了刘建国之外，其他几乎都是还没有毕业的学生。虽则如此，这群“娃娃兵”的素质并不差，雷鸣和后来加入的周利民、段辉等人都有参与过北大“天网”搜索引擎项目，崔姗姗、郭耽等人也成为各自领域的佼佼者。

一批实习生支撑起了百度最初的最重要工作，从现在来看虽然有些不可思议，但也有历史的原因在内。毕竟当时搜索引擎在中国处于萌芽阶段，真正懂搜索引擎的人并不多，但是正是有了这样的经历，让李彦宏肯定了“实习生”的能力，进一步养成了百度欢迎实习生的传统，而这也成就了百度的“实习生文化”，百度的实习生项目就是百度挑选人才的重要手段与途径，不少有能力的实习生也得以脱颖而出。

曾在“百度贴吧”、“百度知道”、“有啊”等产品中担任重要职务的李明远就称，自己是百度实习生文化的一个直接受益者。他在大三的时候就来百度实习，大四一年几乎是全职工作，主要从事“百度贴吧”的项目开发。当其他同学还在忙于奔波找工作的时候，他在百度已经成为产品经理了，在未毕业、未正式成为百度员工的情况下，已经成为百度最年轻的高级经理，管理着60人的团队。在他看来，百度的“实习生文化”核心内容主要有两点：一是实习生可得到大量实践的机会，二是实习生享有充分信任、平等交流的氛围。

这与李彦宏的用人之道有关。“人在什么样环境中成长最快？在实战中成长得最快，模拟是绝对模拟不出来的。”李彦宏在一次接受采访时这样对记者表示。因此不同于其他企业通行的实习生一般只能从事辅助性、杂务性的工作，很难进入核心业务的“惯例”，百度往往会给实习生具有足够挑战性的具体工作，甚至还会让他们参与重点攻关项目，哪怕你只是一名实习生，只要你有想法，都可以说出来大家讨论，如果最后讨论结果觉得这个想法可行，那么这个项目就会交给你全权负责。像李明远一样尚未毕业就已成为经理人的，也不在少数。

也就是说，百度是真正把“实习生”当做未来的员工看待，而并非将他们看做只是在公司临时工作一段时间、把这段经历当做为了未来争取更好的工作时履历表上记录的“实习生”，因此不仅从他们到百度第一天起就想办法激发他们的潜力，帮助他们融入团队，而且就是在待遇和用人标准上也不会因此而降低标准，仍然与正式员工看齐。也就是说，实习生拿的是正常的岗位工资。这对百度来说是一笔回报丰厚的投资，因为大三就能达到百度用人标准的，必然是学生中的佼佼者，而百度的吸引力使大部分实习生做到毕业时就已经选择留下来，这时他已经在百度经历了一年的锤炼，各方面能力又会比一年前有一个飞跃，比起毕业后再进入百度的正式流程，这无形中为百度的人才培养缩短了一年的周期，而这种起步的优势又会激发这些员工的自信心和荣誉感，形成一种良性循环，促进其能力的进一步提升。

可以说在对这些优秀的应届生的心理把握上，李彦宏堪称高手。马斯洛的需求层次理论将人的需求分为生理需要、安全需要、社会需要、尊重需要、自我实现五个层次，百度给予实习生和应届毕业生最大的空间，正是满足了他们这五个层次的需求，为他们进一步的自我实现创造了机会。

一千多年前，韩愈在《马说》一文中将人才比为千里马，善于发现人才使用人才的人比喻为伯乐，并发出了“千里马常有，而伯乐不常有”的感慨。而到了信息传播越来越快捷、市场竞争越来越激烈的今天，常常会出现几个“伯乐”争抢“千里马”的现象，而在如何吸引优秀的毕业生上，百度也很聪明的采用了“以己之长，攻敌之短”的策略。每一年百度的校园招聘，百度都会向学子们展示百度与众不同的一面，为百度争取了不少优秀人才。

当中最典型的例子莫过于2006年的校园招聘。2005年，Google正式进入中国，与百度展开了人才争夺，因此，2006年的校园招聘对百度来说至关重要。这一年，百度招聘活动分别用我们所熟悉的三个形象提出了三个问题：用李小龙的形象来提问——“是做舒服的虫还是骄傲的龙”；用钱学森的形象来提问——“是在海外住别墅还是回中国做导弹之父”；用鲁迅形象提问——“翻译还是用创作寻找中国意义”在Google、微软等跨国公司中间，百度一下子将自己和竞争对手区隔开来，引发学生们对未来人生意义的更多思考，无形中向学生传达了这样的信息：百度不是一个仅仅提供舒适工作环境的公司，而是提供骄傲的工作成就的公司。如果你热爱挑战，希望实现人生的意义，那么百度就是适合你的选择。

正因为如此，百度在招聘会上经常让百度人现身说法。百度曾拍摄过一个宣讲会短片，这个短片分两个片段：第一个片段是来自国内各大知名高校百度新员工的自我介绍，而这些高校正是百度招聘的重点地区；第二个片段是这些学生讲他们在百度正做什么事情，有做网页搜索抓取的，有做网页搜索反作弊的，有做网页搜索索引的，有做百度贴吧的等等。这让应聘的学子们直观地看到，这些加入百度的新员工，正在从事百度最核心的技术。

百度内部还有一条被称为“无敌红线”的红色曲线，这是百度在招聘会上来说明百度员工的成长路径的秘密法宝，这条红线通过对几年来加入百度的技术类毕业生的职业发展跟踪，呈现出员工在发展空间、成长速度等方面，都远远超过其他著名跨国公司的水平。而在各高校学生之中口耳相传的诸多师兄师姐们的成长故事，再加上百度所能提供的“大空间”和“加速度”，让许多学生觉得，百度是培养天才技术人员的最佳环境。

为了使员工的能力得到更大的提升，百度不仅仅注重在工作中加以实践和磨炼，而且还成立了“百度学院”，有系统地提升员工能力，将人才培养作为一项发展战略来落实。百度学院的培训课程主要分为两大部分：第一部分是公司的内部培训项目，培训中强调“教练制度”和“案例分享”，经常针对企业内部的实战案例进行管理经验和专业技能等方面的交流和沟通，必要时还会进行内部跨部门的培训。第二部分是针对实际需要引入外部课程，如领导力提升、不同人员的专业技能提升等课程都会有所涉及。课程的设置根据公司不同阶段的战略目标以及员工实际情况进行，最大限度地突出针对性和实用性。

在IT行业，对招聘到最优秀员工的争夺的激烈程度，丝毫不亚于对客户的争夺。几乎所有的国际IT巨头到中国后都会制订如何从百度挖人的计划。据说几乎百度所有的员工都会接到邀请他们跳槽的电话，正是因为百度内部良好的成长环境和选择了做“龙”、做“创作”的荣誉感，员工甚至会主动回绝来自猎头公司的电话。

当然，要留住人才，不能够光从增强他们的荣誉感和给他们提供良好的成长空间来进行，同样还要保证员工为百度作出贡献的同时能获得良好的收益。对此李彦宏是这么说的:“我坚定地认为,这个社会会越来越公平,付出就会有回报。你如果踏踏实实把自己擅长做的事情做好了,名誉、财富都会随着你对这个社会的贡献而到来。”百度早在第一次从风险投资拿钱的时候就已经预留了期权池,在2000年百度刚起步的时候资金也不充裕,一度还面临资金链断裂的危险,为节约开支,百度也曾降低过员工的工资,而且职位越高的人降得越多。在这样的情况下,期权就成了弥补降薪损失、留住核心员工的必要手段。而在百度即将上市之时,李彦宏的一句“将员工造就为百万富翁天经地义”,让期权对员工的吸引力进一步加强,成为百度“向心力”的主要源泉。而百度上市之后的员工虽然不如上市前的员工拥有那么多的期权激励,但从百度的“无敌红线”中也可以看出,百度工程师年起薪为16万,3年内有可能达到百万年薪,丰厚的收益也成为百度留住人才、持续发展的重要法宝。

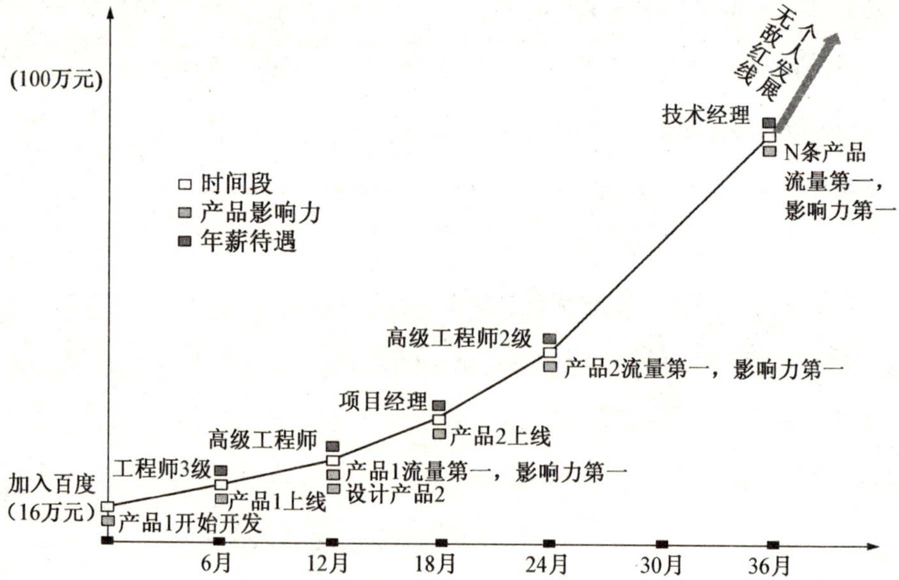

百度“无敌红线”图

案例 2 · 大门为搜索狂人们敞开

“本人热爱搜索成痴，只要是做搜索，不计较地域（无论天南海北、刀山火海），不计较职位（无论高低贵贱、一线二线，与搜索相关即可），不计较薪水（可维持个人衣食住行即是底线），不计较工作强度（反正已习惯了每日 14 小时工作制）。——搜索引擎 9238”

这是一封独具一格的求职信。写信的作者对搜索的痴狂成癖，他不计较任何条件不惜任何代价的寻求搜索相关工作，几乎达到执著和虔诚的极限——这封求职信因为将在人力资源史上成为经久不衰的绝唱而传遍整个搜索领域，至今仍然给人留下非常深刻的印象。只要稍有一点互联网常识的人都会知道，这个“搜索引擎 9238”就是后来成为百度产品副总裁的俞军。

俞军的加入是百度之所以成为百度风格和百度个性的内在基因，因为人们常把俞军和贴吧、百度知道和百度百科等具有百度特性的社区产品联想在一起，而在俞军的加盟上，百度老员工王湛起着非常关键的作用，但主要还是与李彦宏求贤若渴、唯才是用的领导品质有着本质的关联。

2000 年 1 月成立以后，百度致力于成为门户网站的搜索技术解决方案提供商，经过近一年的经营运作，成为搜狐、新浪、网易等多家门户的合作伙伴。当时虽然百度已经拥有了刘建国、雷鸣等“百度七剑客”，他们毕竟是擅长于从后台的搜索引擎技术进行的研发，而在终端搜索产品的用户体验方面，百度还缺乏相关的产品研究人才。同时，在 2000 年 9 月百度进行第二轮融资，暂时解决了资金问题，至于客户方面，大型门户网站的背后搜索引擎提供商几乎被百度所垄断，这样百度的生计还可以勉强维持下去。但当时中国，由于网络刚兴起不久，懂得中文搜索技术的人不多。因此,要想取得长足发展,李彦宏清楚,除了拥有一批尖端的搜索引擎技术人才之外,还要有一批懂得开发研究与搜索引擎相关的终端产品的人才。随着网络作为一种新兴事物的发展,必然出现一批对于搜索产品感兴趣的人们,事实上,他们就常常隐没在一些门户网站或一些技术行业网站上。他们经常在一些BBS上探讨搜索技术与产品问题。如何将这些人笼络到自己的大本营里,就是百度必须努力解决的问题。

这个任务自然落到了当时的百度产品市场经理王湛的肩上。王湛也是百度最早的员工之一,此时,他主要负责市场调研,协助制定百度现有产品的改进策略和新产品的开发方向。为了在当时还处于萌芽状态的市场调研和还没有比较清晰的产品改进方案之前,有效地找到一些眉目、线索和突破口,王湛想成立一个搜索俱乐部。于是王湛给李彦宏发了一封邮件,提议成立一个由关心中国搜索引擎的网友组成的搜索俱乐部,共同探讨交流中国搜索引擎发展与未来。

这也许是一个下属对于探索公司产品发展方向而提出的小小的工作计划,就在这个无比寻常的时刻里,李彦宏由于高瞻远瞩而接受了这个新鲜的建议,他相信只要有一线亮光就可以开启一方天空,或者说,就在这条隐形的亮光里,他已经有了招揽人才的某种预见。

于是,李彦宏很支持这个计划。王湛立刻给员工们发邮件,招募俱乐部成员,同时在百度网页服务器上架设BBS论坛。他开始在各种网络论坛上寻找那些志趣相投的搜索爱好者,并邀请这些朋友加入俱乐部。一个月之内,搜索俱乐部就正式诞生。

当时中国搜索引擎市场还处于萌发阶段,搜索引擎这一概念对很多人来说非常陌生。就在百度搜索俱乐部成立的一个月之前,即2000年9月Google中文版刚刚推出,短时间内还未形成强大的力量,雅虎也在摸索中,而中国只有“悠游”等几个小的搜索引擎在自娱自乐。此时互联网界出现了一批早期的搜索引擎爱好者，他们在一些门户网站的搜索引擎论坛上讨论自己的看法，发表自己的研究成果。

其中，一个名叫“搜索引擎9238”的搜索引擎爱好者已经活跃在早期的草根网民中。虽然，早期“搜索引擎9238”还没有与百度发生关联，但王湛早就在搜索论坛上注意到了他，经过多次邮件沟通、争论后，王湛发现此人确实对搜索引擎的认识非常人可及。后来，“搜索引擎9238”针对百度写了不少批评或建议性文章。这些文章被王湛一一转到了百度的技术人员那里，大家根据这些意见修改百度的产品。

对搜索引擎着魔、一心想从事这一工作的“搜索引擎9238”，有一段时间为就业所困扰。2000年，他写了上述那封后来成为经典的求职信。由于那封后来广为流传的求职信，俞军获得在新浪和3721工作的机会。就在他有过这一段颠簸经历的时候，王湛到上海向“搜索引擎9238”发出了邀请。

2001年5月，“搜索引擎9238”终于加入百度。此后，俞军专心致志于这份很适合他本人的工作——因为此时的他，已经快速晋升到产品经理，同时他对百度的技术团队以及未来都充满了希望，所以他当然很敬业很痴迷于这份很对口的工作，当然就为了研究百度搜索页面产品的方向和设计。对此，记者罗燕曾这样叙述道：“俞军之所以没有成为另一个似乎内行但在公司内颇为边缘化的产品人员，因为他很明智地转变了自己的身份。他没有坚持自己过去的‘批评者’姿态，而成为一个‘建造者’：他每设计一款产品，即使简单如用户界面，也会用大量的数据和事实去解释自己每一处设定的理由。而其论据，来自于其本人对各种搜索引擎数据的长期监测和分析。据说，在很长一段时间里，他只靠一个睡袋住在公司。”

在对百度产品的研究和设计当中，将产品的特性与搜索引擎进行有机结合和良性互补，乃是俞军在百度工作的精华。在刚进入百度的一年多时间里，对于工作的专注和痴迷已经成为了俞军的家常便饭，成就他“搜索狂人”的称谓的主要基础也应该在这个阶段积累起来的。由于专注,灵感就常常光顾这个搜索狂人。据说,他查看搜索日志时,他发现很多人都在搜索同一关键词。这就引发了一个朴素的好奇：如果把这些有共同兴趣的人都聚在一起,就共同兴趣进行交流,岂不是能贡献更多网页上没有的信息。后来俞军成为“百度贴吧”的首任产品经理,这些灵感也为百度贴吧的日后发展打下了基础。

在担任产品部门高级经理和总监以后,他将自己个人的直觉和经验总结为百度产品出台的准则——即在设计一款新作品时,设计师们只需要回答三个问题：用户是不是有需要？是不是能对百度的核心搜索业务带来补充？百度目前是不是擅长？据说,李彦宏曾建议产品部门建议制作一款的产品,但俞所率领产品团队在研讨之后,否决了李的建议。因为俞军看来,重点不在于考察一个创意的流程有多复杂,而在于是否每款产品都能明确回答上述三个问题。

俞军对百度的贡献不仅是在百度与Google竞争过程中形成差异化的竞争力的缔造者——包括创建了贴吧、百度知道、百度百科以及百度空间等,更重要的是他还为百度招揽了一大批非常优秀的人才,这些人才在日后成为百度差异化竞争的主力军和核心力量。所有的这些成就,都是李彦宏的宏观的人才观以及无为管理而给他们留下的巨大舞台而取得的。而这样,可以让百度的一贯理念在用人领域传承下去。

人们对俞军的工作方式的理解是“也显得颇有些‘不按常理出牌’”,而他的信用也是建立于他每每用独特的方式证明自己是对的。在这个意义上,俞军是一个讲究能力和理念的招聘者,他很在乎应聘者对互联网的兴趣和思维方式以及理解深度等。在招聘时,他一般会让应聘的人挑选百度中的一个产品,写一篇用户体验分析。通过这份分析了解此人看问题的角度、视野、调研方法、推理逻辑及对互联网的熟悉程度,而并不关注应聘人的学历、专业等常规问题。据说,现任百度搜索页面高级产品经理的孙云丰当年在面试时甚至不知道李彦宏发明的超链分析，俞军则对此不以为然："这些都是可以学的东西，并不重要。但是当你看了孙云丰写的文章之后就会知道他对用户需求的了解是多么深刻。我只看重人身上那些后天学不到的东西。"

2004 年下半年，李明远加盟百度。他的加盟极大地提升了贴吧的质量，在完成了百度知道、百度百科等百度社区类产品的设计方面发挥着非常关键的作用。2007 年李明远升任百度电子商务事业部总经理，开始负责百度电子商务 C2C 项目。多年来，百度在社区方面发展日新月异，李明远功不可没。而百度能够获得李明远，俞军更是功不可没。

李明远原是中国传媒大学编导专业毕业生，来百度之前在东环路的一个公司实习。从 2001 年开始，李明远业余时间一直泡在北大的"一塌糊涂"BBS 论坛里。"一塌糊涂"是当时非常火的一个 BBS 论坛，李明远从版主、区长，一直做到"一塌糊涂"BBS 论坛的站长。基于天资聪明和对论坛的深刻理解，他建立了以用户为核心的"用户视角"，学会了这样一个道理：只有用户需要的，才是最好的。在李明远主持的日子里，"一塌糊涂"BBS 为社会打开了更多空间。结果证明，充分放权促进了"一塌糊涂"的发展。这个原本只有最多数十人在线的校内论坛，在短时间内一跃成为当时全球最大的中文在线 BBS，后期通常都有几万人同时在线。

2004 年 8 月，俞军去参加在中关村召开的一次互联网社区发展论坛，论坛上李明远做了一场关于"一塌糊涂"BBS 发展的报告。他的观点，引起了与会者的强烈反响，尤其是提到的"论坛应该首先考虑建立什么样的氛围，给不同的人传递什么东西，让不同的人聚集到一起来"的观点等，因此而引起了俞军的注意。虽然早已了解"一塌糊涂"BBS，但俞军那天还是第一次见到李明远。《环球企业家》这样写道："没有任何寒暄和客套，第一句话就说：'你好，我是俞军，我是百度的。'第二句就说:‘你知不知道百度的贴吧?’在李明远给出肯定的答案后,俞军又问:‘你有没有兴趣来做贴吧,如果有兴趣,回头我们聊一下。’随后,俞军留下名片离开了。”后来,李明远来到百度和俞军面谈之后就开始到百度实习,后来在俞军的劝告之下就加盟百度,后来的故事已经耳熟能详,改进贴吧,主导百度百科和百度空间,领导贴吧事业部,引领百度电子商务事业部,等等。

物以类聚,人以群分。由于李彦宏远见卓识的人才观,由王湛的提议开始,由此而相继引进俞军、孙云丰、李明远等一批“搜索狂人”,从而打造了百度强大的人才团队,为百度在正面战场应战 Google 注入了鲜活的血液。

本章启示

识才、用才、爱才

“资金+技术+市场+品牌+人才团队(管理)”组合成的五大指标就是企业的核心竞争力,因此引进优秀人才,组建高效的人才团队对于企业领导者来说具有举足轻重的意义。因此,企业领导者务必做到“识才、用才、爱才”。人才的价值在创造价值。招进人才,就是为了发挥其人才的技能,完成相关使命,助推企业完成一定的目标和走向一定的台阶。因此,一定要找到合适的人才,其专业性、判断力、为人品性等都是优秀的。这样,才能辅助创业者去执行一定的指令,从而体现人才的价值。

组建人才团队,创始人和人力资源经理任重道远。一般来说,人力资源总监或说经理负责对公司人力资源的招聘、考核和配置等工作,同时创始人也会通过其他途径找到自己相中的人才。构建企业的核心竞争力，关键是找到合适的优秀的人才，做到“知人善任”。为此，企业领导者必须从以下几个方面去努力：

第一，确立健全的人力资源体系，确定本公司的用人标准。

首先是多角面试。百度在招人的时候，会安排多个同事对候选人进行多角度评估，再根据汇总结果进行最终决策。通常情况下，对于中层以上的职位，百度会安排8个人左右进行面试，这种面试制度就是在学习微软的面试方法。对于高管岗位，就至少安排4人进行面试。其次是背景参考。现在大多管理规范的企业都这样做——通过候选人的直接上级或同事，多方面了解其德与才是否符合公司要求。最后，建立起完备的培训体系和晋升机制。百度历来注重工作能力和结果，只有用实践结果证明能力以后才能获得提升。只有通过考核之后，才获得提升。

第二，为人才的发展创造空间。

所谓的创造空间，并非单指为人才提供丰厚的物质报酬，而是应该从“硬环境”和“软环境”两方面综合考虑。所谓“硬环境”，指的是人才物质生活方面的需要，包括工资待遇、工作条件、吃穿住行、安全等，是人们生活的最基本需求；而人才的软环境是指人的社交活动、人际关系、自尊心满足、个人专长发挥程度为主要内容的精神因素总和。如果说人才硬环境是吸引人才的基础，那么人才软环境就是留住人才的灵魂。百度在创业早期“硬环境”不足的时候，一方面通过期权分配进行了弥补，并在“软环境”的营造上下了很大工夫，使之成为吸引人才、共同发展的重要途径。

第三，培育留住人才的土壤。

有时候，不是找不到人才，而是留不住人才，是创业者面临的最大问题。公司紧急需要人才的情况有两种：一是业务扩张急需配置相应人才；二是企业人才流动导致急需相应人才来填补。对于第二种情况，创业者需要认真对待。因此，如何留住人才，增强员工的归宿感，是非常严峻和现实的。对于留在人才，一般可以从两个方面来努力：一是清晰员工的相关激励和福利政策；二是从精神上给予人才尊重，使得人才发现留在公司的价值。找到优秀的合适的人才只是为公司的发展提供基本的条件，但是如何留得住人才，同时将人才的价值转化成为现实的赢利能力，才是创业者首要的问题。一般说来，这些需要给人才搭建一个良好的发展平台，通过人力资源部门组织的职业培训、沟通交流、职业规划等来促成人才的成长。

后 记

1999年国庆，应中国政府之邀，25位海外学子登临天安门参观新中国成立50周年阅兵盛典。此后这25位学子大多都回国创业，其中有两个人取得了最为辉煌的成功，其中一个是邓中瀚，另外一个就是李彦宏。在2009年4月的亚洲博鳌论坛上，李彦宏取代了向来被年轻人视为偶像的马云成为年度最受追捧的商业领袖。令人折服的是，自从2010年初以来的中国搜索引擎市场气候得天独厚的优势下，百度的发展势头将更加迅猛，同时其在纳斯达克的股价也一路攀升，那些惊人的数字在一步步地印证着一点：李彦宏当之无愧地成为当今中国商界最成功最引人注目的企业家之一。

在很多人的印象中，李彦宏非常腼腆、睿智和沉稳，长得帅，几乎已经成为一个成功的符号。在很多演讲中，台下都座无虚席，很多人可能不是要去听他讲什么，而是冲着能够见他一面而饱一下眼福。在我看来，与同行相比，李彦宏更具有自身的个性，应该属于学者型或说专家型的企业家，技术出身的他，能够从技术工程师向一个运筹帷幄的企业家转型，且他的商业运作策略不断地在实践中得到充实、丰富和发展，最终形成了独到的企业经营运作管理理念和风格。因此，相比于长期以来媒体已经对他形成的一些诸如专注、谨慎、睿智、稳健等特性的共识，我觉得更需要从特定的市场环境下去考察和理解他的在经营运作中所显现出来的特性，进而对其经验作出概括和总结，在动态和现实中去深入把握和理解这位成功者，可能对正在创业型公司的领导者来说，更具有针对性的指导和借鉴意义。因此，我萌发了写作本书的念头。

在对李彦宏成功的把握中，我重点考察从百度的成立到上市这五年的发展历程，同时也兼顾其留学美国、在华尔街和硅谷的就业经历以及百度在上市后几年的战略扩张过程。在这种历程中，有几大因素将产生重要影响：比如创业时机和上市的选择、对商业模式的深刻和睿智的眼光、对竞争对手的策略，和更重要的因素如企业文化和管理模式，对人才的价值的认识等。一个企业核心竞争力的构建，包括五大因素：资金＋技术＋品牌＋市场＋管理。通过李彦宏在竞争力的这五方面的表现(言行举止)来挖掘他的智慧和经验的特征，将有别于几年来已经出版上市的关于李彦宏的通俗书籍，从而构成了重新认识和理解李彦宏的崭新视角。所以，我想，《李彦宏的专注智慧》的面世，将为读者带来原汁原味的营养补给。

在本书的写作过程中，参考了程东升先生的《李彦宏的百度世界》、朱光先生的《一百度》、林军校长的《沸腾十五年》、东山樵夫先生的《百度——如此专注》、汪瑞林先生的《搜索百度李彦宏》、丁西坡先生的《百度的那些人和事》、李彦宏先生的《硅谷商战》等书籍，以及《中国经济时报》、《21 世纪经济报道》、《南方人物周刊》、《第一财经日报》、《中国经济周刊》、《每日经济新闻》、《世界商业评论》、DONEWS、新华网、新闻稿在线、搜狐 IT、网易科技、新浪科技、腾讯科技、酷勤网、百度百科等众多媒体关于李彦宏先生的报道，在此一并致谢！

最后，非常感谢我的校长林军、我的领导岑峰与华夏。在写作的初期，林军校长指导我扎实而详尽、周全地掌握所有李彦宏的资料，更要深入其中地领会和把握李彦宏智慧的精髓，紧紧抓住李彦宏最闪光和最引人注目的地方，由此让我豁然开朗。岑峰先生对李彦宏及百度精神有着深度的把握和理解，他以专业和行家的视野来进行分析和解剖，使我在对李彦宏的解读上更有内行和专业的深度。华夏先生善于从总体上和写作艺术上进行构思立意、谋篇布局，善于从纷繁复杂的表象中抽丝剥茧、梳理脉络，对于本书的篇章结构发挥着重要作用。正是在良师益友们的关照和指导下，再加上我的不断探索和努力，最终促成了本书的完成。在此，我对他们表示由衷的感谢！

由于本人的水平有限，书本的写作过程中如果有什么疏漏之处，敬请广大读者谅解！

作　者

2010 年 9 月

图书在版编目(CIP)数据

李彦宏的专注智慧/唐山雨编著. 一杭州：浙江大学出版社，2010.11

（蓝狮子企业家智慧系列）

ISBN 978-7-308-08076-7

Ⅰ.①李… Ⅱ.①唐… Ⅲ.①网络企业—企业管理—经验—中国②李彦宏—企业管理—经济思想—研究 Ⅳ.①F279.244.4

中国版本图书馆CIP数据核字（2010）第213132号

李彦宏的专注智慧

唐山雨　编著

策 划 者　蓝狮子财经出版中心

责任编辑　吴伟伟

出版发行　浙江大学出版社

（杭州市天目山路148号　邮政编码310007）

（网址：http://www.zjupress.com）

排　　版　杭州大漠照排印刷有限公司

印　　刷　杭州杭新印务有限公司

开　　本　710mm×1000mm　1/16

印　　张　13.5

字　　数　171千

版 印 次　2010年12月第1版　2010年12月第1次印刷

书　　号　ISBN 978-7-308-08076-7

定　　价　35.00元

浙江大学出版社发行部邮购电话（0571）88925591